親を見送る喪のしごと

横森理香

亡くなったあとにすること。
元気なうちにできること。

CCCメディアハウス

はじめに

気力・体力なくなる前に！
やっておこう「喪のしごと」

親の死は、突然やってくる。私の母も十八年前、それまでめちゃくちゃ元気だったのに、七十三歳で他界した。秋口に血尿が出て、精密検査をしているうちに黄疸も出てきて、膵臓がんと診断。余命三か月と言われた。

「かわいそうなので告知はしないでおきましょう」

と担当の医師に言われ、母の連れ合いとも同意して、最後の時間に全力投球した。その一連の話を書いた『母を送る、母に贈る』（集英社be文庫）を読んだ編集者が、

「この七章以降のことを一冊にしませんか？」

と言ってきた。つまり、他界してからのことだ。

というのも、編集者は最近お父様を亡くされ、死後の煩雑さに目を剝いたという。わかる。私も経験したが、お葬式、法事、書類関係、遺品の整理と、遺族がしなければならないさまざまな「喪のしごと」は、めくるめく試練のようなもの。私は、ゆうに半年かかっ

た。悲しみに浸っている暇もないのだ。

仕事をうっちゃって、事務所にて母の死後の整理に取りかかった半年間。あの頃、私は四十二歳。高齢出産で産んだ子どもがまだ二歳半だった。乳飲み子を抱えての「喪のしごと」は、まるで「子連れ狼」。次々と向かってくる強敵を滅多切りにしながら進む、荒野の素浪人みたいだった。

今回、執筆にあたって自著を読み直した。自分で書いた本なのに、涙がこらえきれなかった。そして、本というのは不思議なもので、書いておくと、あの頃の母の姿が、いまも生きているように、ありありと蘇る。母だけじゃない、小さかった娘にも会えた。母の死をきっかけに絶縁した姉や、姪たちにも。

人が死ぬということは、ただならぬ影響を人間関係にも及ぼす。ふだん親戚づきあいのない私にも、母が亡くなったとなったら、遺品の何々をもらうことになっているという親戚も現れた。物に執着のない私は全部あげたが、母の残したお買い物のローン返済は、すべて私のところへ……。

いま、私のまわりでも親の介護や生前贈与、親の家の片づけや遺品整理、相続に関する書類、葬式から法事まで、いわゆる「喪のしごと」で、てんやわんやの大人女子たちが増えている。いや、そんな人ばかりと言ってもいいだろう。そしてみんな、自身も年を取っているのだ。

私は父がくも膜下出血で他界したときは中学生だったので何もしていないし、母のときはまだ四十二歳だったから、嵐のようなあの月日も、難なく乗り越えられた。その本を読んで、「いまの私には無理だろうなぁ……」という感想である。「喪のしごと」は体力・気力が必要で、段取りが勝負。アラカンのいま、もはや一番肝心な段取りができない。

体力・気力も年々目減りしている。私の友人Sは、お父様の介護で介護ウツになり、喪主は立派に務めていたが、苦手な書類関係は期限ぎりぎりまで手がつかなかった。介護で肩と腰も痛めていて、実家の掃除もままならないから、プロの業者を頼んだという。

そんな、親の死に関する実務が多すぎて倒れそうになっている大人女子たちのために、この本を書いた。専門家にも取材した。

私の経験と、周囲の大人女子たちの経験が、これから、そしていままさに渦中にある大人女子たちの、一助になることを願う。

もくじ

第1章 備えあれば憂いなし

第2章 葬儀はある日、突然に

第3章 死後の膨大な手続き

第4章 法事はどこまでやるか

第5章 めくるめく遺品整理

第6章 実家の片づけ、そしていつかは墓じまい

第7章 シンプルに生きる

第1章

備えあれば憂いなし

遺影の写真は撮っておこう

私の母の場合、三か月と余命宣告されたが告知はしていなかったので、葬儀に関する本人の希望を聞くことはできなかった。だましだまし、最後のお正月を家で迎えてもらい、再入院して二か月生きた。発病から六か月、七十三歳の生涯を閉じた。

しかし本人も、これはどうもおかしい、自分は死ぬのではないかという勘は働いていたようで、年末に古い手紙や写真の整理をしていたようだ。死後、見てほしくないようなものだったのだろう。

年末に電話で話していて、

「あんたが住んでた頃、久江さん（母の姉）とニューヨークに行ったときの写真が出てきたのよ。みんな若かったね。私も久江さんも、あんたも勝行さん（私の夫）も」

としんみり言っていたので、いやだなぁと思い、

「なんでまたそんな、写真の整理なんかしてるの?」

と聞いてしまった。母は片づけや掃除が大の苦手で、年末だからといってそんなことはしたこともなかったのだ。

「いやね、ほら、年末だから、へへへ」

と笑ってごまかしたが、もうわかっていたのだろう。十二月には最後の東京詣でもしていて(母は秋田に住んでいた)、

「いま、入院ダイエットで痩せてるから、勝行さんに写真撮ってもらいたいのよ。佐藤さん(母の連れ合い)も一緒に」

とオーダー。夫はカメラマンなので、撮影・修正はお手の物だ。母は食いしん坊で晩年コロコロに太っていたが、膵臓がんで七キロ痩せた。膵臓を悪くすると糖分代謝ができなくなるから、甘いものが食べられなくなるという。

確かに、ちょうどよく痩せて、きれいだった。母は一番いい着物を着て、私が濃いめのメイクをし、私の事務所にて、記念撮影をした。本人も、遺影の撮影というつもりだったのだろう。おかげで葬儀の際には、美しい写真を飾ることができた。母も本望だ。ええかっこしいだったから(笑)。

喪 豆知識

遺影写真

屋内、屋外どちらで撮影しても問題ありません。データしかない場合でも、データから遺影写真に加工することができます。また、背景が気になる場合は修正も可能。いずれの場合も葬儀社が対応してくれますので、相談を。

余命宣告はしたほうがいい

余命宣告は本人も家族もショックだが、私はしたほうがいいと思う。心の準備ができるし、遺影の撮影ができるからだ。これができていないと、スナップ写真を引き伸ばすことになり、ぼけぼけ。観光先での写真とかだと、強風にあおられて頭もボサボサだったりする。これじゃあ、故人がかわいそうだ。

特に病気することもなく、健康長寿を全うしている場合、ちょっと若めの、若すぎない頃に遺影の撮影をしたほうがいい。年は取っているけどまだきれい、という範囲の。七十代の写真であれば、八十代、九十代でも使えるだろう。

「遺影の撮影、しときましょうね〜」

とは言いづらいだろうから、喜寿、米寿のお祝いの際などに、ちょうどドレスアップしているから記念撮影しましょうと、写真館などでプロのカメラマンに撮ってもらうのだ。

プロのライティングは強いので、メイクは濃いめに。顔も年々ぼやけてくるので、肉眼で見ると濃すぎるぐらいでちょうどいい。瞼も下がって目が小さくなっているはずだから、アイラインをきっちり引いてあげると目が大きく見える。髪の毛はアホ毛が出ないよう、ヘアオイルでふんわりまとめてあげよう。これにプロのレタッチ（修正）がほどよく入ると、素晴らしい仕上がりになるだろう。避けたほうがいいのは、美顔アプリで撮影したスマホの写真。元気に生きているときは楽しくていいが、漫画みたいな顔の故人を見て、参列者も葬儀で笑いをこらえることになってしまう。

親友のお母様も膵臓がんで亡くなったが、告知していたので、本人の希望で私の夫が遺影を撮影した。告知していると、葬儀の希望や、財産分与のことなど、亡くなる前にいろいろ聞けるので、喪のしごとは断然楽になる。治療方針だって本人の自覚のもと、決められる。

親友のお母様は、治療を拒否した。最初の手術のあと、

「あんな、まな板の上の鯉みたいな思い、二度としたくないわよ」

と言って。五十代での死は早かったが、これも本人の意思なのだ。

喪服をどうする？

親の死が迫っているものの、命のあるうちに葬式の準備をするのは縁起が悪いし、亡くなるのを待っているみたいで気が引ける。なので、たいていは亡くなってから慌てて喪服の準備をすることになる。

私は、母が昏睡状態に入ってから、デパートに喪服を買いに行った。母が好きだったヨーガンレールにて、黒のソフトスーツと靴で十万円なり。連れ合いの佐藤先生は事実婚だから喪主になれず、姉が嫁に行っているため、二女の私が喪主を務めることになっていた。

その当時、私が持っていた黒の洋服といえば、コーデュロイの黒パンツ。親友に相談すると、

「いくらなんでもコーデュロイはマズイだろ」

と一喝された。喪主だから、ちゃんとした格好をしたほうがいいと。

ちゃんとした喪服といえば、母が作ってくれた和装喪服が一式あった。これは

喪主は誰が行う？

喪 豆知識

厳格な規定はなく、故人の遺言書があれば、それに従って決めます。遺言書がない場合は、故人の配偶者、血縁関係の近い直系男子、直系女子の順番が多いとされています。また、結婚して姓が変わっていても、両親の喪主を務めることは、まったく問題ありません。

まだ私が二十代の頃、いつ自分が逝っても恥ずかしくないように、家紋入りの喪服を作ってくれていたのだ。黒帯や黒帯締め、黒草履、バッグまである。

葬式にはこれを着ないと母も無念だろうからと、秋田の宿泊施設まで一式送った。葬儀の支度は佐藤先生と地元の有志がしてくれていたから助かったが、通夜にもお茶目な恰好で登場するわけにはいかない。

サイズは十年単位で変わる

この頃、四十二歳の私はいまより痩せていたから、ヨーガンレールの黒スーツも袖、裾、ウエストを詰めてもらった。その後そのスーツは、ちゃんとした格好をしなければならない講演会にも着たし、娘の小学校お受験にも着た。だから元を取ったと言えば言えるが……。

五十代で夫の親戚の葬儀があり、着ようとしたときにはウエストが嵌まらなかった。五センチほどあけて安全ピンで留め、シャツ、ジャケットで隠し、その場を切り抜けた。その後、高級ホテルのフロントに就職した妹分に、ご祝儀としてあげてしまった。

喪豆知識

喪服

小物の準備も忘れずに。必要なのは次の８点です。 ①黒のワンピース（膝下）・ジャケット（五分袖か七分袖） ②つま先が丸い黒のパンプス ③装飾の少ない黒のハンドバッグとサブバッグ ④袱紗 ⑤白か黒のパールネックレス（長さ40～42㎝） ⑥数珠 ⑦薄手の黒いストッキング ⑧黒か白のハンカチ着物はまだ、合わせやおはしょりを浅くすればサイズが変わっていても着られるが、洋服だけはサイズが違うと、入らない。

去年、友人Sのお父様の葬儀の際、喪服はどうしようかなぁと焦り、親友に借りた。彼女が母親の葬儀の際に誂えた、マックスマーラの黒スーツだ。親友は大柄だから、きっといまの私でも着られるだろうと。

「いーよいーよ、クリーニングしたまましまってあるからさ」

と貸してくれ、試着してみると、ぴったり。年月とは恐ろしいものだ。

ヨーガンレールもマックスマーラも、カッティングが素晴らしく生地も良く、着心地はいいし見た目もおしゃれ。でも、一度しか着ないものに十万円もかけるのは、アラカンのいま、もったいないと思う。

喪服用のバッグはアマゾンで購入した（三千六百八十円）。靴は、エナメルのパイピングが入った、いつも履いている痛くないパンプスにした。喪主じゃないし、この辺は御愛嬌ということで。

娘のお受験の際に購入した黒のパンプスは、履けなかった。入るけど、痛すぎて歩けない（涙）。十五年保管してあったけど、中敷きも劣化して履くとぽろぽろ剝げてきた。二万円以上したブランドもののいい靴だが、古くなると結局使えなくなるし、そもそも年を取ると履きやすい靴しか履けなくなるからもったいない。

買うなら「痛くないパンプス」がおススメだ。アマゾンでも「痛くないパンプス」で検索すると、三千円ぐらいでたくさん出てくる。私が愛用しているのはyuriko matsumotoのもの。一万円前後でほんとうに痛くなく、本革なのに実に柔らかく、見た目もおしゃれだ。

喪服はレンタルがおすすめ

友人Sは、お父様が亡くなってから慌てて喪服を購入しに走った。お母様の葬儀の際に誂えた若い頃の喪服は、丈が短すぎて着られなかったそうだ。

「伊勢丹のぞいたら、ジャケット十万円とかで。高すぎて無理〜と言いながら丸井へ行って。ワンピースとジャケットのセットで、二割引セールで五万円ぐらいだったかな……漆黒の最新素材で」

とS。とてもきちんとしていたし、美しかった。やはり、喪主としてはきちん

喪 豆知識

不祝儀袋の書き方

名前は筆ペンや薄墨で書きますが、書き慣れていない場合は「筆耕サービス」を行っている百貨店や文房具店にお願いするのがおすすめです。価格は無料（袋を購入した店舗）〜２千円ほどで、即日対応可能なことも。地域によって表書きや不祝儀袋が異なることがあるため、事前にネット等で確認を。

とした格好をして送り出してあげたいという気持ちがあるのだ。

それでも五万。不況、物価高のいま、痛い出費ではないか！

私は思う。葬儀はそう頻繁にはない。十年に一度、二十年に一度となると、サイズが違って着られなくなるから、いいものを誂える必要はないと。都会暮らしだと収納しておくスペースもないから、レンタルで充分ではないかと。

レンタルの中には、夕方四時までに注文すれば翌日発送、五千円以上で送料無料のものもある。サイズのバリエーションも豊富で、ジャケット、ワンピース、バッグ、数珠、袱紗、ネックレス、イヤリングのセットでも一万円以内で収まる。

ネットで検索すればいろいろ出てくるだろう。そして葬儀の前はバタバタするので、最早これでいいのではないかと思う。

エンディングノートを書こう

私がイベントのたんびに書き込みをしている『Never Ending Note』（未来に残すエンディングノート編集委員会編、集英社）。これが発売されたのは二〇一二年。東日本大震災のあとだった。健康で生きていても、何歳でも、いつ何があるかわからないと、皆が感じた出来事だった。

それまで、終活とかエンディングノートの書き込みなんて、高齢者がするものと思っていたが、集英社の大人女子たちが、

「いつ何が起こるかわからないいま、貴方は未来に何を残しておきたいですか？」

という問いかけで、Facebook上に「未来に残すエンディングノート編集委員会」を始めた。一四〇〇人近くの女性たちからの意見をもとに、おしゃれなエンディングノートができあがったのだ。

もしものときに役立つエンディングノートというだけではなく、その人と大切な人を永遠につなぐ、「ネバーエンディングノート」。それぞれが主人公の、たっ

た一つしかない人生の記録を一冊にし、これから先の人生も素敵に生きる計画を立てる。

最初はピンクのエンディングノートだった。ビジュアルを制作したカイフチエリさんが写真の切り貼りの仕方などを指導してくれるイベントで、私はゲストスピーカーとして招かれ、参加者のみなさんと書き込みをした。

この頃私はまだ四十代。仕事とはいえ、まだ遺書なんて書きたくないと思った。エンディングノートに書き込んだら、なんかすぐ死んじゃいそうでイヤ、とか思っていた。だから適当にビジュアル製作だけを楽しんで、あとはほうっておいた。

真剣に書き込むときがやってきた！

しかし、あれから八年の月日がたち、私は五十八歳になっていた。男性にも使えるミントブルーの「令和ブルーVer.」が発売。また書き込みイベント出演のため、今度は真剣に作成することになった。

折しも時はコロナ禍。自粛生活でやることもなく、古い写真を引っ張り出しては切り貼りし、思い出を整理した。現物を切って貼ってもいいものはどんどん切り貼りし、いらない写真は捨てた。

コロナウイルスも最初の頃は未知のウイルスすぎて、誰もが、うつったら自分も死ぬのではないかという恐怖心があったから、今回は真剣に作成した。にもかかわらず遺書めいたことを書くのはまだ縁起でもない感じがして、大切なデータのところは書かなかった。

面倒くさいのもあったが、そんなことを書いたあとで、ほんとにうっかり死んじゃったら、

「虫が知らせたんだね……」

とか言われそうでイヤだったのだ。

人生を振り返って見えてきたこと

私のお気に入りコーナーには、歴代の猫たちのほか、娘の制服時代やお気に入りのジュエリーの写真を貼った。娘が使うときには、どういうものかわかるように、「五十代以降はゴツイのが似合うわね♡」とメッセージも添えて。

私の娘は一人っ子だからいいが、何人かいる場合は誰誰に何、というのも書い

ておくといいだろう。

お気に入りのコスメも写真に撮り、縮小プリントして貼っておいた。娘の小さい頃の写真、世界のお気に入りの場所、大切な思い出をどんどん書いていった。

心に残る言葉コーナーには、座右の銘を書いた。

「今日が最後の日と思って生きる」

娘の十三参りで京都に行ったとき、芸者と舞妓のコスプレをして写真を撮った。その思い出も切り貼りした。

元気が出る言葉は、

「今日が一番若い日」

ライター時代、大好きなゲイのカップル写真家、ピエール&ジルのアトリエに取材で行き、二人と撮った写真も貼った。パリまで行って、取材してまわるなんてこと、アラカンのいまは無理だが、若かったからできたこと。こういう思い出は、我が人生まんざらでもなかったなと思わせてくれる。

自分年表&これからやりたいことリストのページでは、生まれてからこれまでの歴史を振り返り、これから何をしたいかを明確化した。二十代から四十代までは、海外旅行が大好きだったが、年を取ってから国内旅行が好きになった。過去を振り返ると、自分の成長がよくわかる。人間、死ぬまで成長だと言うが、これから先、何をやってどう生きていきたいかが、見えてくるのだ。

コミュニケーションマップ

末尾に、「コミュニケーションマップ」というページがある。故人の関係するグループ名とキーマンの連絡先を記入するようになっている。還暦を前にした三回目のイベントはインスタライブだったから、その直前に書き込んだ。

私にもし何かあったら、連絡してほしい人をグループごとに書き込んだ。人選には時間を要した。うろたえて、何もできなくなってしまう可能性のある人は、かわいそうだから外した。そして、どっちが先に逝くかもこれからは競争だから、フリクションペンで書いておいた。更新が必要になるかもだから。

しかしこれがもし残されたら、遺族は大変助かるだろうと思う。母校の同級生や、子どもや仕事のつながり、サークル、お教室、ＳＮＳのグループなど、もしものとき、誰にどんな連絡をしてほしいか書いておく。

喪 豆知識

エンディングノート

死に備えて、相続や葬儀のこと等自分の考えや希望を記すのがエンディングノートです。家族がさまざまな手続きや判断を進めるためにも有効。ただし、法的な効力はありません。法的な効力を必要とする場合は、遺言書の作成を。

友人関係だけではない。「もしものときの連絡リスト」ページには、弁護士、税理士、司法書士などの連絡先も記入できるから、さりげなく死後の財産管理もできる。

預貯金について、引き落とし、ローン・キャッシング、不動産、その他の資産、保険や年金についても記入するページがある。インポータントデータという最後のページだが、死後の手続きに不可欠な情報だ。

私たち大人女子も、うっかり死んでしまう年になってきたし、親が高齢ならば、一緒に書き込むお手伝いをしたほうがいいかもしれない。

「あんた、私が死ぬのを待ってるんかい？」

と言われたら、

「私だってもう何があるかわからない年になってきてるんだから、一緒に書こうよ」

と誘ってあげるのだ。親がボケる前に。余命宣告されないまでも、病気で入院していたら暇だし、一緒にできることも限られているので、切り貼りする思い出の写真など持って行って、やってあげたらどうだろうか。

めんどくさく、一番気が重い「喪のしごと」だが、人一人の人生を終《しま》うには、ここを乗り越えなければならないのである。

親を旅立たせる支度

高齢の親が自宅で暮らしている場合、健康でも近所にかかりつけ医が必要だという。なぜなら、家で自然死した場合でも、医師の死亡診断書がないと、不審死と見なされて警察に連れていかれてしまうからだ。

「検死のため三日ぐらい遺体返してもらえないんだって。家族も尋問受けて」

と語るのは懇意のボディワーカー酒井さんだ。ご両親が山奥でまだ二人で暮らしてくれているのはいいが、九十代。あっちもこっちも痛くてすでに農作業はできていないのだが、なんとか自活している。近くに住むお姉さんがたびたび様子を見に行っているのだが、ここ何年かの問題はかかりつけ医をどうするかだった。

「街の大きい病院に健康診断には行ってるんだけど、亡くなったとき、近所に往診で来てくれるかかりつけ医がいないと困ったことになんのよ」

健康なら健康で問題という、けったいな時代になったものだ。

「そしたらね、僕が診ましょうってお医者さんが現れたの。まだ若い先生で、昔からある診療所の、息子さんなのかなぁ」

これはありがたい話ではないか！　都会の医大で医師免許を取って、過疎地にある親の診療所を継いだ奇特な息子さんなのか、それともDr.コトーみたいに、この村を無医村にしないため自ら来てくれたのか。

「でも古い診療所だから、古い医療機器しかないけどね」

と言うが、もはやそれは看取り医なわけだから、最新の救命機器もいらないのではないか？　コロナ禍で人工呼吸器エクモも有名になったが、九十代で自然死しようとしている人を、無理やりつなげて蘇生するのも逆にかわいそうだ。

人は親が亡くなったら大変だと思い、亡くなりそうなときはハラハラしてどうにか生かすことばかり考えてしまうが、死なない人はいない。いずれは土に返るのだ。だから、ある程度の年齢になったら、うまく送ってあげることを考えたほうがいい。

死に対する価値観の違い

しかし、一人っ子の場合は一存で解決できる問題だが、兄弟姉妹がいる場合、ここで問題が発生する。死に対する価値観の違いで、争うことになるのだ。

多くの人は、親が何歳になっても死んでほしくない。死んだらかわいそうだし、自分も悲しいからだ。

母が余命宣告されたあと、なんとか助けたいという姉と、治療方針をめぐってバトルした。私は残りわずかな人生の母に無理はさせたくなかったので、できるだけいまの生活のままで、逝かせてあげたかった。姉は、東京の大学病院に移して、最新のがん治療を施したいと言った。

姉が勤務する東京の大学病院になんか入院したら、母は気を使って疲れてしまうと言った。姉は同じ病院に母が入院していれば、自分もできるだけのサポートができるからと主張。

「佐藤先生にはうちに泊まってもらえばいいから」

「え、それは無理。佐藤先生だって高齢なんだから、人んちで気を使って生活したら、倒れちゃうよ」

そもそも、母が発病したのも、夏休みに姉の子どもたちをあずかって、休む暇がなかったからだと佐藤先生が言っていた。七十代までライフワークだった読み聞かせ講座を続けられたのも、老人二人の生活で、帰れば悠々自適だったからだと。

「秋田でいまのままの生活を送らせてあげたほうがいいよ」

「じゃああんたは、お母さんが死んでもいいって言うの!?」

姉は激高したが、死なない人はいないし、ちょっと早いが母はやりたいことをやって、充分生きた。

長年勤めた明星学園を退職して、元同僚と移住した地で仲間を作り、友達を作り、楽しく生きた。読み聞かせ講座で社会貢献もし、表彰までされたのだ。その表彰式のため人間国宝の着物を誂え、遺影撮影にも着た。いい人生だったと言えるのではないだろうか。

「私もね、姉たちがやっぱり、価値観が違うから大変なの」

と酒井さんも言う。いつまでも親に死んでほしくない姉たち。ボディワーカーとして親の体を診ていて、もう生活しているだけで相当に辛いだろうということがわかる酒井さん。楽にさせてあげたい気持ちもわかる。「喪のしごと」の難しい局面だ。

家族を看取る

母は移住先の秋田で亡くなった。入院していた病院で昏睡状態に入る前、姉に来てほしいと手紙を書き、付き添っていた佐藤先生にファックスで送らせた。私のところにも送ってくれたので、見てみたら、もう字も震えていて、やっとの思いで書いたものだとわかった。

「この間の看病はほんとうに嬉しかったです。あの晩の快眠は素晴らしかった。美和（姉の名）か千津子がいてくれたら、どんなに心強いことかと思います」

千津子さんは母と半分一緒に育った母の姪だ。看護師だったので、父の最期にも立ち会ってくれた。その頃、まだ高校生で何もできなかった自分をふがいなく感じた姉は、のちに看護師になった。

「どうしても治りたいので、最期のお願いとは書きません」

付き添っていた佐藤先生も高齢で、病院の付き添いベッドに泊まると背骨が痛くなってしまうので、家に帰って寝るようにしていた。

「僕が倒れてしまってはおしまいだからと言っても、帰るなと聞かないんだよ。人はみな、最後は寂しくなるものかな」

と電話で言っていた。佐藤先生も背水の陣だった。なにしろ、自分がしっかりしなければ、パートナーとしてこの地に連れてきた、母をちゃんと送り出すことができないからだ。

姉はそれから、三日行っては五日帰り、看病を続けた。一か月後、佐藤先生から、

「お母さんの血圧が五十切ったから、一両日中に」

という連絡を受け、夜行バスで子ども二人を連れて姉は秋田に向かった。そして、連れ合いと娘、孫二人に両手両足を撫でられながら、母は息を引き取ったのだ。母を看取るために看護師になった姉だから、本望だっただろうと思う。

親の死に目に会えない

しかしこんなケースは稀で、私も含め周囲では親の死に目に会えない人がほとんどだ。友人Sは、介護ウツでレスパイトケア中だった。レスパイトケアとは、

亡くなる前の兆候

喪 豆知識

最期が近づくと、ものが食べられなくなる、水をほしがる、手足が冷たくなる、血圧が下がるなどのほか、意識の低下（刺激や痛みなどへの反応がなくなる）や呼吸の変化が見られます。呼吸が苦しそうに見えるのですが、ご本人は実際苦しく感じていないそうです。

介護者が重度のウツや不眠になってしまった場合、被介護者から引き離すケアのことだ。

本当なら、彼女の父親に入院してもらうか施設に入ってもらい、自宅で休めれば良かったのだが、お父様は断固、どこにも入らないと言った。末期がんなのに入院したがらず、高齢者施設なんかとんでもないという御仁だった。

しかし、同居を続けるとSのほうが先に倒れてしまいかねない。そのため彼女は、家のそばのビジネスホテルに入った。ホテル代を稼ぐために日中働き始めたが、ホテルに戻ればしっかり眠れるので、なんとか切り抜けられたという。ホテル生活なんて一見優雅に見えるが、死ぬか生きるかという究極の選択だったのだ。

父親の夕食はケアワーカーに任せていたのだが、ある日、訪ねたが返事がないと連絡があった。退勤後駆け付けると、家の中でこと切れていたという。

「自分がいないときに死んでしまったと自責の念にかられるところですが、この日は母の命日だったんです。きっと母が私たちを救うために、連れていってくれたんだと思います。このままだと私もダメになっちゃうし、父のがんも痛みが出てくる頃だったので……」

とSは語っていた。

お父様は、体は半介護状態だったものの、亡くなる三日前まで仕事をしていて、お世話になった関係者にも電話をしていたという。人は自分の死期が、なんとなくわかるのだろう。

死に水を取る

死に水とは、人が亡くなったとき、立ち合った肉親や近親者で唇を水に浸したガーゼで拭う慣習のことだが、臨終に立ち合うことの意として使われている。大切な人が亡くなるとき、決して一人にはしないという決意のもとで、「死に水は私が取る」と思っている人が多いのではないだろうか。

しかし、人が亡くなるタイミングはそう良くもない。老人ホームに預けている場合、死後連絡が来ることがほとんどだろう。コロナ禍で、面会もままならない施設に母親を預けていた大人女子は、

「このまま、会えないまま死んじゃったらどうしよう……」

と泣いていたが、あれから三年、まだご健在だ。その代わり彼女がボロボロ。

死に目に会えない

喪豆知識

余命宣告を受けたときから、看取りは始まっています。大切なのは、その瞬間に立ち会えるかどうかではなく、ご本人やご家族が最期までどう過ごすか、そしてご本人が安心して旅立てることではないでしょうか。立ち会うのは難しい場合が多いので、そこにこだわりすぎないようにすることも大切です。

施設でクラスターが起こって彼女の母親は三度コロナに感染、部屋で転倒して車椅子生活に。高熱が出て尿路感染と、心配のタネは尽きない。嫁として義父の介護と、実母の施設通いで休む暇もない。私は彼女の健康のほうが心配だ。

私は両親が他界しているので、そして夫の両親は同居する弟夫婦が看てくれるだろうからそういう苦労はないが、自分も誰かに看取ってほしいとは思わない。一人でうっかり家の中で死んで、腐る前に発見されたい。

そういう意味では、Ｓのお父様の死に様が理想だ。

私は家族も同然の猫を病院で、一人で死なせたショックから、猫は今後自分で看取ると決意。家で二匹、看取ったが、直近のミルクは玄関で死んでいた。まだあたたかかった。最後の最後まで食いしん坊で、大好物の牛赤身がいただけると、私が帰ってくるのを待って玄関に降りてきて、こときれたのだ。

人にも看取ってほしい人とほしくない人がいると思う。放し飼いの猫は死ぬとき、姿を消すという。人にも猫タイプがいるのだ。

家族葬の時代

コロナ禍の三年間、人が集まれなかったことから、家族葬がメジャーになった。コロナ以前、すでに老人ホームに入っていたりした場合、他界した旨、葬儀は家族のみで済ませたことを、はがきでお知らせするだけのケースが多い。

母の連れ合い佐藤先生も、母の死後一人で頑張っていたが、立ち行かなくなって老人ホームに入った。

「これからは人のお世話になります」

という最後の年賀状が来てから二年、お嬢さんからお知らせをいただいた。八十代後半だっただろうか。一人暮らしをしていた頃は、「生きてるのが仕事です」と年賀状に書いてくださっていた。最後はケアワーカーさんに一日おきに来てもらっていたらしいが。

私のコミュニティサロン「シークレットロータス」（以下、ロータス）には、さまざまな大人女子が通うのだが、ある生徒さんはコロナ禍にお母様を亡くされ、

「小さなお葬式がいいですよ。気を使うこともなく、ほんとに楽でした」

と言っていた。

「ああ、テレビコマーシャルで見かけるお葬式ね」

「そうそう。最低限の葬儀で良かったです」

お葬式のサイズと料金

小さなお葬式の費用は、百万円前後必要になる一般葬に比べて十万円以下だ。その代わり、仏具を極力減らしているので、お棺もないという。その話を別の生徒さんに聞いて、愕然とした。

「棺桶ぐらいなきゃしょうがないでしょう」

「そうなんですよ。だから、やっぱり三十万円ぐらいは出さなきゃ供養になんないんです。家族葬はいいと思うんですけど」

彼女のお母さんはまだ元気だから、お葬式の話はできないというが、友達にも親を見送っている人が多く、最低限の仏具はやはり必要だというのだ。

「それで気持ちが収まるなら、三十万円ぐらいは……」

母の場合は教員生活も長く、研究会の仲間もいて、亡くなるまで読み聞かせの講座などやっていたから、移住先の秋田にも参列者がたくさんいた。なので、小さなお葬式というわけにはいかず、大きなものになってしまった。が、引退して老後の生活が長く、老人ホームに入っていた場合などは、小さなお葬式でいいと思う。前出の大人女子は、

「遺品も少なかったので楽でしたよ。最後に使っていたものは全部ホームで揃えたものだったから、そのまま廃棄してもらいました」

と言っていた。なんだかこの台詞だけ聞くと冷たい人みたいだが、さにあらず。認知症を患ったお母さんの相手を十年間して、ボロボロになった姿を私は見てきた。いまは解き放たれて、やっと幸せになったのだ。

「先生、私、母が死んでも、涙が一滴も出なかったんです」

という言葉の下に、どんな思いがあるかは想像にたやすい。もともと毒親だったのだが、認知症になって娘いびりに拍車がかかる……これはもう生き地獄ではないか。

親子関係はいいものばかりではない。だから、みんながみんな、葬儀社のテレ

喪 豆知識

家族葬

家族や親しい人だけで送る家族葬には、お別れの時間をゆっくり過ごせる、参列者への対応が軽減、参列者の人数や費用を把握しやすいといったメリットがあります。費用の目安は30万円前後～100万円前後です。

ビCMみたいな、美しいものにはなりえないのだ。

葬儀の仕方は人それぞれでいい

大人女子の年齢ともなると、友人が他界するケースも出てくる。私たちの大切な仲間ともちゃんが亡くなったのも四十代だった。卵巣がんを摘出し抗ガン治療もしたが、助からなかったのだ。

不思議なことに、ホスピスに入る一か月ほど前、小康状態だったのか会いに来てくれて、みんなで楽しくランチをした。おしゃべりに花を咲かせ、たくさん食べ、またロータスでエステができるよう、家で夫をモデルに練習していると顔を輝かせていた。それが……。

わずか一か月後、急変してホスピスに入った。コロナ禍に突入していたからお見舞いは禁止。家族ですら、夫以外は立ち入り禁止だった。ホスピスに入る前、つなげてもらっていた夫君のラインで状況を知るしかなく、私たちは仲間内でともちゃんにビデオメッセージを作って、夫君のラインに送った。

「ほとんど寝ている状態ですが、ビデオメッセージは見て微笑んでいました」

それから二週間後、ともちゃんは旅立った。私たちは急いで御霊前のお花を送った。お金を出し合い、知る限り一番いい花屋で、真っ白な美しい花を。

「葬儀はコロナ禍でもあり、家族だけで行いますが、ロータスのみなさんに智子から贈り物がありますから、送っておきますね」

と夫君からラインがあり、数日後、蓮の花型のクッキーがたくさん届いた。クッキーにはアイシングで「ありがとう」「感謝」「お世話になりました」などのメッセージが添えられていた。お菓子屋さんをやっている妹さんが、ともちゃんの注文で焼いたものだった。私用には特大サイズのものが入っていた。

ともちゃんを偲ぶ会をやりたかったが、なにせコロナ禍で緊急事態宣言下。私は気持ちが収まらず、思い出の写真でスライド映像を作って、ナレーションをつけて動画に撮り、仲間に配信したのだ。これも一つの、送る形なのだろうと思う。

直葬と０葬（ゼロそう）

喪豆知識

直葬とは、通夜や葬儀を行わず火葬のみ執り行うことです。死亡後、遺体を自宅や霊安室等に安置。その後出棺し、火葬するという流れになります。０葬は火葬後に骨を持ち帰らず、お墓も持たない弔い方。もともと宗教学者の島田裕巳氏が著書『０葬』（集英社）の中で究極の死の形として提唱した形式です。

第2章

葬儀はある日、突然に

亡くなったらまずしなければならないこと

誰にとっても、家族の死は突然訪れるもの。亡くなりかけているとしても、まだ生きているうちに葬儀の準備などしたくないものだから、亡くなったら急に、問題山積となるのだ。ここからが喪主・背水の陣！

私の場合、母の葬儀は連れ合いの佐藤先生と地元の有志達がやってくれたので、私は喪主として配置されただけ。世間的なことはなんにもわからない非常識な四十二歳（作家）なので、みなさんが頑張ってくれた。

地方によって葬儀の仕方もそれぞれ風習にのっとってせねばならないので、母の移住先・秋田のことは地元の方々にお任せしたほうがいいに決まっている。母にはかわいがっていた「読み聞かせ講座」のお弟子さんがいて、母の代行も立派に務めあげてくれた。母は病床で、最期まで彼女に指導していたのだ。

連絡せねばならないところ

母が亡くなり、まず私がしなければならなかったのは、出身地である山梨の菩提寺に連絡を取ることだった。お寺さんもいろいろなしきたりがあって、移住先のお寺で葬儀をあげるとしても、菩提寺の住職が来て、先頭切ってお経をあげなければいけないらしい。

母の葬儀をあげるお寺は、生前「読み聞かせおばさん」として通っていた保育園のあるお寺さんで、園長とも仲良しだった。宗派も我が家と同じ曹洞宗で、園長の息子である住職はいい男で声もいいから、

「彼にお経をあげてもらったら、お母さんも満足なんじゃないかな」

と佐藤先生が決めたのだ。なのに、なんで山梨からわざわざ、菩提寺の住職を呼ばねばならないのだろうか。なんか、失礼ではないか？

「そういう決まりだから仕方ないの。理香さんから連絡してくれる？」

と言われ、しぶしぶ電話をした。が、母が亡くなったのは三月十六日、ちょうどお彼岸の頃で、菩提寺の住職は忙しくて秋田までは来られなかった。

「それから、山梨の研究会の人たちや、親戚の誰に葬儀の連絡をしたらいいかわ

まずは連絡を　喪 豆知識

病院で亡くなった場合は、親戚や知人へ連絡→葬儀社へ連絡。病院以外で亡くなった場合は、かかりつけ医に、かかりつけ医がいない場合は警察または119番へ連絡し、指示に従います。親戚や知人へ連絡する際、メールやラインは便利ですが、こういった場合は電話が確実です。

からないから、これもお任せしていい？」

「はい」

「山梨子どもの本研究会」の人たちは、浅川先生に連絡すればいい。私が小さい頃からかわいがってくれた母の仲間で、入院していたときも、それとなく見舞いに行ってくれたのだ。余命宣告されたが告知していないと告げると、研究会の帰りに寄ったと嘘をついて見舞ってくれた。

「それとね、久江さんには理香さんから言ってほしいんだ。僕にはとても、できないから」

母が一番仲良くしていた姉で、高齢なので妹の死は辛すぎるだろうと。

「はい」

私は言われるままに動いた。伯母はあんがいケロッとしていて、秋田は遠すぎて行けないから、納骨の際、山梨で参列すると言った。山梨の親戚は、ほとんど親戚づきあいのない私が唯一仲の良い、従姉のミサちゃんにお願いした。

人間関係のキーパーソンを知る

親が亡くなったとき、誰に連絡をすればいいかは、生前に把握しておく必要がある。私の場合はキーパーソン二名の連絡先がわかったので、あとはお任せできた。いまはＳＮＳなどでもつながっているから、もし電話番号など変わっていても、連絡手段はいろいろある。

ただ、高齢となるとＳＮＳはやっていない、もしくは、やっていても放置ということが多いから、やはり家の固定電話（家電）、携帯電話の電話番号は控えておくのが良いかもしれない。いまどき、家電に電話がかかってくるのは珍しいが、高齢者はいまだに、家電が主な連絡手段だ。

家電であれば、もしその方がお亡くなりになっていても、ご家族の誰かが出て、対応してくれるはずだ。

第一章でふれたが、『Never Ending Note』のコミュニケーションマップに記入できていたら、この過程がとても楽になる。ＳＮＳのメッセージやメールは見ないことも多いから、電話番号を記しておこう。

病院で亡くなったとき　喪 豆知識

死亡が確認されると医師から死亡宣告があり、その後死亡診断書が作成されます（書類の相場は３千円～１万円程度）。看護師によるエンゼルケアのあと、霊安室に安置されるか、そのまま安置場所の自宅や葬儀会館等へ故人を搬送します。病院を出るまで、数時間かかることが多いようです。

葬儀とお金のこと

母が亡くなり、乳飲み子を抱えて秋田に赴いた私がまずしなければいけなかったのは、お葬式前に母の口座からお金をおろすことだった。亡くなったら銀行口座が凍結されるので、事前に佐藤先生を代理人として、お金をおろしてもらおうと考えた。そのため、母の口座のある地方銀行の支店長あてに手紙を書いたりしていた。

葬式にはだいたい二百万円ぐらいかかるというし、入院費の支払いもあった。しかし佐藤先生は母につきっきりで銀行には行くことができなかった。そこで私は秋田に到着した翌朝、葬儀の前に銀行へ急行した。

「残金ゼロ……」

母の口座は、からっぽだった。

「何か買い物しちゃったんだろうね」

なんとも母らしいと、佐藤先生と笑った。後から気づいたが、文化功労章の授賞式と記念撮影に着たあの、人間国宝の着物とかいうのが三百万円はくだらないという話だったから、その支払いに充てたのだろう。

「僕が入院費は支払う。葬儀のお金はみなさんの御霊前があるから大丈夫だと思うよ。会計は読み聞かせの会の山崎さんがやってくれることになっているから、理香さんは心配しないでいい」

と佐藤先生に言われ、ほっと胸をなでおろした。

献花の手配

母が亡くなった日は、電話連絡に終始した。まず、毎週病院に届けてもらっていた日比谷花壇のフラワーサービスをストップ。母の御霊前にお花を届けてもらう注文をした。一万円ぐらいの白いお花で、「お母さん、やすらかに」という札をつけてもらった。

おっつけ岡山の久江伯母から電話があり、

「つねちゃん（当時九十代の伯母）とことうちのと、お花とお供物を出しておいてほしいの」

死亡届①　　喪 豆知識

A3サイズで、左側が死亡届・右側が死亡診断書（死体検案書）になっています。病院で亡くなった場合は病院から、自宅で亡くなった場合はかかりつけ医から、かかりつけ医がいない場合は警察署に連絡をし「死体検案書」を発行してもらいます。

と言われる。それをどこにどう手配していいかわからなかったから、佐藤先生にファックスでお願いした。あの、葬儀場に飾られるお決まりの献花とお供物は、当たり前のように関係者、親族から送られるものなのだ。

友人Sのお父様の葬儀では、まずSからお知らせが来て、その中にお花の発注先が書いてあった。一基の値段は決まっていて、何基お供えするかという注文方法だった。

Sは、

「無宗教なので葬儀は仏式でも神式でもないから、お供えやお線香がないぶんお花でいっぱいにしようと、父の会社のみなさんと葬儀社と相談して決めたんです」

と言っていた。

「とにかく会場が寂しくならないように、最後はお棺に溢れるぐらいお花を入れて見送ることに」

この演出は素敵だった。献花を無駄にせず、いったん参列者を外に出して葬儀社の人たちが準備。お花をお棺に入れながら、最後の挨拶をするようにしてくれたのだ。

会場にはお父様が好きだったジャズが流れ、思い出の写真やインタビューの掲載紙など、仕事の記録が飾られていた。

葬儀社と斎場はどこを選ぶか？

母の場合は、佐藤先生と地元の有志がすべて手配してくれたからいいが、自分が喪主になって全部しなければならなくなったら、どうするのだろうか。友人Sに聞くと、

「父の会社を継いでくださった方が、ネットで良さげなところを探してくれたんです。小ぶりで、ぼったくらず、情熱をもっていい仕事をしている、テレビ番組でも扱われたことのある葬儀社でした」

と言う。

母と父、喪主を二回務めたことのある親友に聞くと、

「たいていの人は病院や施設で亡くなるから、提携してる葬儀社を紹介されんのよ。自宅で亡くなったとしても医師を呼ぶし。カトリックとか新興宗教とかならまた話は別だけども……」

葬儀のポイント　喪 豆知識

押さえるべきは、①規模　②宗派や宗旨（無宗教葬も含む）　③予算。金額は規模等により異なるため一概には言えませんが、100万円前後と考えておくのがよさそうです。

との答え。

「なるほどねー、困んないようにできてるんだ！」

何も知らないと言うなりになってしまうが、いまはネットで探せる時代だから、いろいろな業者さんのホームページを見て決めよう。

葬式代はいくらかかる？

家族が亡くなったとき、やはり気になるのはお金のことだ。母の葬儀は大きかったので百五十八万円かかったが、すべて御霊前でまかなえた。

友人Ｓのお父様の葬儀は、コロナ禍でもあり内輪の参列者二十七名のあたたかいもので、九十一万円。内、区から補助金が七万円出るので、実質八十四万円だったという。

「献花はこちらで自由に手配、ということでした」

これもネットで「葬式献花」で検索すると、いろいろ出てくるので、好みや予算に合ったもので決めよう。

お棺に何を入れるか

死に装束は、地方によってさまざまだ。私の母はいまにも歩いて旅に出そうな白いモンペスタイルで、草鞋まで履いていた。菩提寺のある山梨では、三角形の布を額にあて（よく幽霊が着けているアレ）、白い着物を着せられている。

「掛着物はどれにする?」

と姉に聞かれ、例の人間国宝の着物をかけてあげることにした。母が最後に奮発して作った着物だし、これを着て旅立てれば本望だろうからだ。

「でもあれ、人間国宝の作品で、三百万はくだんないって話だよ」

と姉は言ったが、姉が着るならともかく、私には似合わない色柄だった。姉ははなから、着物には興味がない。のちに叔母から、

「理香ちゃん、なんてことしたの。国の宝だよ」

と怒られたが、叔母が着るならともかく、すでに着物は面倒で着られなくなっていた。そして何年か後には他界したから、叔母に委ねてもあと、まったく知ら

ない方の手に渡り（伯母は再婚して岡山に住んでいた）、たぶん箪笥の肥やしだろう。本人が最後まで着るのが一番なのだ。

友人Sのお父様は、氏のトレードマークのダンディなスーツ姿で横たわられていた。

「父が一番気に入ってたスーツだから、これにしたんです」

とS。参列者への返礼品のなかには、はがきサイズの氏のポートレートが入っていた。私はその写真を前に、その晩は一献かたむけた。

死に装束と死に化粧

氏もがんを患っていたが、遺体はまるで蠟人形館に飾られているかのような完成度で、葬儀社がいい仕事をしているのがわかった。顔色など調整するのに、男性でも死に化粧が施されているのだろう。

母のケースもそうだが、末期がんで亡くなったというのに、いまどきのご遺体はいい寝顔をしているのだ。姉曰く、ほっぺの内側に脱脂綿を入れたりして、おやつれを補整するらしい。だから、御対面しても怖くないのだ。

母の顔には、白いレースが掛けられていた。

「ほら、顔見てやって」

と姉に言われ、びくびくそれをめくった。死体だと思うと怖いのが人情だが、母はすやすやと眠っているようだった。

「なんか、眠ってるみたい」

「でしょ？ 家に帰ってきたら顔が変わったの」

「安心したんだね。あんなに帰りたがっていたからね」

と佐藤先生も笑顔で母を見ていた。余命宣告されてからというもの、姉はなんとか母を生き延びさせようと必死で、佐藤先生はぬかりなく送り出せるように必死だった。二人とも任務を終え、ほっとしていた。

故人の大好きだったものを入れてあげよう

母の棺には、甥っ子姪っ子は手紙を書いて入れた。佐藤先生は日本地図を入れていた。

「病気が治ったら、読み聞かせ講座はしばらく休んで、二人でゆっくり国内旅行

人工医療機器 喪豆知識

故人の体にペースメーカーや人工関節などが埋め込まれている場合は、葬儀社の方に伝えるようにしてください。というのも、埋め込まれたまま遺体を火葬すると、破裂し、遺体の損傷や火葬炉の破損、火葬場スタッフの方の負傷を引き起こす可能性があるためです。

でもしようと言っていたんだよ。死んだら自由に方々行ける。でも方向音痴でしょ？　地図を持たせてあげようと思って」

と言っていたが、母は霊になって自由にどこでも行けるようになったら、海外に行くと思う。大好きだった民話の里ドイツに。私には余裕がなく、お棺の中に何を入れるかまで考えられなかった。喪主ストレスで倒れそうだったのだ。

友人Sのお父様の棺には、大好きだったタバコ、ピースを参列者みんなで入れてあげた。これも素晴らしい演出だった。肺がんは原発性のものではなかったが、肺気腫（タバコ肺）で酸素吸入器もつけていた。

タバコを吸うと酸素に引火して爆発や火傷の恐れもあるので、呼吸困難で病院に担ぎ込まれてから、

「死にたくないならタバコをやめなさい」

と厳重ドクターストップがかかっていた。なのに部下に買いに行かせて吸い続けていたらしい。寝たばこでボヤも出しかけ、Sは眠れない日々が続いた。タバコを取り上げると暴れるので、始末に負えなかったという。

ピースの缶からタバコをたくさん入れ、最後はお棺をお花でいっぱいにして、

みんなでお父様を送り出した。Sは、お棺の中の父親の顔にべたべた触りながら、

「もう苦しまなくていいね。ゆっくり休んでね」

と泣きながら語りかけていた。

肉体がなくなる前に触っておこう

これが最後と思うと、火葬場で故人を触りまくる衝動にかられるのもやむない。母の場合はご当地の風習で、お棺に蓋をして釘を打っていたから、顔だけが見える窓から語りかけるしかなかった。姉は遺体に垂れるほどの涙と鼻水を流しながら、最後の最後まで覗き込み、語りかけていた。

私は怖くて死体には触れなかったので、生きているうちに触っておいた。お見舞いに行くたび、アロママッサージと称して、いい香りのオイルを持参し、母の手足をマッサージしていたのだ。これは、スキンシップが苦手な日本人におススメだ。病人も気持ちいいし、もうすぐなくなる体に触れられるから。

棺に入れてはいけないもの

喪 豆知識

金属製やガラスなどの燃えないものや、燃えにくいもの――眼鏡やジュエリー、腕時計、入れ歯など――は避けましょう。一升瓶やビール缶なども入れることはできません。意外なところでは分厚い本。ただし、工夫して入れることができる場合もありますので、スタッフの方に相談を。

葬儀のオプションは遺族の気が済む形で

この本の編集者Yはお父様の葬儀の際、湯灌《ゆかん》というものを体験した。お父様は入院中、お風呂に入りたいと再三言っていたので、お母様がやってあげようと提案したのだという。

湯灌はご遺体を洗って清める儀式なのだが、どうしても必要というわけではないのでオプションとなっているらしい。病院で亡くなると看護師がエンゼルケア（ご遺体の洗浄や容姿を整える処置）を施してくれるから、葬儀までいい状態は保てる。

だから、何をどう選ぶかは、遺族の気持ちの問題なのだ。この本を書いていてしみじみ、葬儀は遺族の気が済むようにするものだと感じた。葬儀代も平均いくらぐらいかかるのかと気にして、最低でも平均値ぐらいの葬式は出さないと故人に失礼だし、世間体もある……なんて気にする必要もない。

常識に囚われて家族が苦労するほうが、亡くなった人も辛いだろう。このご時世、見栄をはりたくてもはれない事情もある。親友のお母様はがん告知していたので、

「葬式なんて身内でサクッとあげればいいからね。そんなのにお金使うのもったいない。生きてる人が美味しいもんでも食べたほうがいいよ」

と言っていたという。お葬式も家族と親しい人だけで、美しい花で飾られた、あたたかいものだった。

編集者Ｙのお父様のお葬式は、ご本人の希望通り家族葬で行った。葬儀社は地元にいる妹さんが病院から帰るとき駅の広告で見つけたという。電話をするととてもいい感じだったのでそこにしたと言うが、これも縁のものだ。

湯灌、夜伽……わからないことだらけ

葬儀場にお母様と妹さん家族、編集者Ｙの家族、計七人が泊まって、ご遺体の近くで食事をし、思い出話をしたという。葬儀場に泊まることを夜伽《よとぎ》と言い、かつては一般的に行われていたらしい。

葬儀のオプション　㊇豆知識

ラストメイクや湯灌のほか、故人の体を湯に浸した布などで清拭する古式湯灌もあります。そのほか、祭壇や花、料理のグレードアップ、棺・骨壺・骨箱のランクアップも。また故人の搬送に寝台車を使用する葬儀社もあり、この場合は霊柩車への変更も可能です。

故人を供養するだけでなく、遺体の状況を確認する、お線香と蠟燭が消えないようにするといった目的でされていたものだ。しかし現代では自宅で葬儀をすることも少なくなったので、葬儀場でするオプションが設けられている。

母の場合はまず自宅に祭壇が設けられ、棺に遺体が安置されていた。棺の中には見えない部分にドライアイスがぎっちり仕込まれていて、腐らないようになっていた。母を一人にしないため、地元有志が代わる代わる番をしてくれていた。夜伽という言葉は今回初めて知ったが、夜は佐藤先生が添い寝。死んだばかりの人が寂しくないようにするのが、きっと供養だ。

葬儀場に宿泊する場合、通夜を終えてそのまま宿泊、翌日葬儀を行うのが一般的だという。夜伽を経験した編集者Yは、

「こじんまりしつつも、とてもあたたかい葬儀でした」

と思い出を語った。

「原稿を拝見しながら、父を見送ったときのことを考えていました」

これだ、と私は思った。

亡くなってもそばに居続ける家族

母が亡くなったのはもう十八年前だが、この本を書きながらあの頃のことをつい最近のことのように思い出す。母の命日は三月十六日。ちょうどこの時期にこの本を書き始めたのは、母の意志としか思えない。

故人は、死んでも忘れないでほしいのだ。何度も何度も、まるでいまでもそこにいるかのように、思い出してほしい。もちろん、自分の親を忘れることはないし、しょっちゅう話題に出てくるほどキャラ濃い母だ。

そもそも、孫である私の娘が隔世遺伝で母そっくりだし、命を娘につなぎ、百五十年生きたかった意志を貫いている。いい大学に行き、海外留学もしてと。私は不出来な娘だが、母がこうやって、仕事もくれているのだ。

母の代から家族全員がかかっている我が家のファミリードクター山田歯科に定期健診に行き、待合室で会計を待っているとき、編集者Ｙから何年ぶりかでメールが来た。依頼内容を見て、ああこれは、母の差し金だなと感じたものだ。

地方による風習の違い

母は移住先の秋田で亡くなったので、葬儀は現地の風習にのっとって行われた。母の故郷山梨では、そしてたぶん関東地区では、お通夜、葬儀、最後に火葬という順だが、秋田では先に火葬、そのあと通夜、翌日葬儀があり、最後にお斎《とき》と呼ばれる会食だった。よって、遺体に対面したかったら、火葬の前に駆け付けなければならない。

私は前夜に秋田入りし、翌朝母の家に行き寝顔を見た。母は祭壇の前に真新しいレースの布団に寝かされていて、顔にもレースの布が掛けられていた。これらすべてをはからってくれたのも「読み聞かせ講座」のお弟子さんたち。感謝しかない。

祭壇には夫の撮影した美しい母の遺影と、私の贈ったお花、そして、この半年間毎週病院にお花を届け続けた、日比谷花壇の地元提携店からのお花も添えられていた。

正午に住職が来てお経をあげ、母を棺に移す。午後一時に出棺だというそのとき、山梨から母の研究会の仲間が到着し、わーっと棺に駆け寄り号泣した。山梨から秋田までは遠い。早朝に出て、ぎりぎり間に合ったのだ。

山梨でも四十九日の頃納骨式をするから、そこで参列してもらっても良かったのだが、最後に顔を見たい、という仲間の気持ちがありがたかった。何十年も一緒に子どもの本を研究して、ライフワークとしていた母の仲間は、第二の家族のようなものだった。

喪主、霊柩車に乗る

お棺に蓋をして、喪主から近親者、友人の順に石で釘を打ち、霊柩車に運ぶ。喪主である私は母の遺影を胸に、霊柩車の助手席に乗った。霊柩車に乗るというのも、喪主になってみなければ経験できないことだが、母の遺体がうしろにあると思うと、妙な気分だった。

そのまま火葬場に行くかと思いきや、霊柩車は寄り道をした。保育園の車寄せに一時停車したのだ。そこにはエプロンをした保育士さんたちが整列していた。

喪豆知識

異なる葬儀マナー

都道府県で異なることが多いので要注意。たとえば、火葬のタイミングは、前火葬（東北等）と後火葬が。通夜振る舞いは、関東等では一般会葬者も参加しますが、関西等では親族のみ。また、行われない地域もあります。

この段取りを聞いていなかった私は、「え?」と思っていたら、上のほうからたくさんの視線を感じた。

車窓から見上げると、園児たちが霊柩車に向かって手を振っている。

「横森先生ありがとう!」

「さようなら」

私の目から、涙が滝のように流れた。

火葬場での風習

山の古い火葬場には、火葬炉は二台しかなかった。この日は母だけ。そしてここにもいろいろな風習があった。棺の前に設えられた祭壇にお焼香の際、小銭を置く参列者がいるのだ。佐藤先生にこそっと聞くと、それは火葬係の人へのチップだという。

「へえ〜」

感心している暇もなく、驚きは続いた。火葬の間、参列者が代わる代わるお供えの水を汲み替えるのだ。中で焼かれている人は喉が乾くだろうから、お水のおかわりをあげなければならないと。

「なるほど〜」

火葬は一時間ぐらいだが、この間、何度もお水を汲みかえたり、小銭を置いたり、火葬場のお地蔵さんにお供物をあげたりしなければいけないらしい。

しかし、この風習を知らなかった私は、一度だけお水を汲みかえて、小銭を置き、お地蔵さんにお供物のお菓子をあげただけで、あとは山梨子どもの本研究会のみなさんと、山梨での納骨式の話と、母のお別れ会の打ち合わせをしていた。サンドイッチを食べながら。

のちに知ったが、私は喪主なのに、おしゃべりしていてお水をあんまり替えてあげていなかった、焼かれている故人をほったらかしにしていたと後ろ指をさされていたらしい。

神妙にしなければいけないシーンでも、自然体の自分がイヤだが、これもまた仕方がない。小さい頃から落ち着きがなく、ふざけていると、よく怒られてきた人生だ。喪主など本来、務められようにもない。

お骨拾い、分骨

お骨拾いにも風習の違いがあった。関東では近親者が箸と箸でお骨を拾って渡し合い、骨壺に納めるが、ここでは係の人がお骨を分類してくれる。まず喪主が喉仏を拾い、小さい骨壺に納める。それから係の人が歯をその小さい骨壺に入れ、あとはざっくり、普通は骨壺が収まるはずの木箱に入れてしまうのだ。それが西陣織の袋に入れられ、遺族に抱きかかえられる。

この小さい骨壺は、ずっと佐藤先生のところに祀ってあったが、そのことは叔母たちには伝えなかった。最後の十二年半を共に過ごした佐藤先生は、気持ち的には分骨してほしいだろうから、母の喉仏と歯をゆだねた。事実婚なので、そんなことが山梨の親戚に知られたらきっと文句を言われる。

佐藤先生の死後、どうなったかは知らないが、きっと自分の骨と一緒に埋葬してくれと頼んでいたに違いない。母は秋田に、喉仏と歯を埋めたのだ。

通夜

母のお骨（木箱入り）を抱きかかえ、参列者みんなでマイクロバスに乗った。

通夜はお寺で行われた。母が「読み聞かせおばさん」として通っていた保育園を経営するお寺だ。

通夜の会場には、すでに多くのお花やお供物が届けられていた。母の関係だけでなく、私の仕事関係の出版社からも。こういうことには出版社同士で連絡網があって、誰か一人が知るとばーっと知れ渡るのだという。母は私と一緒に雑誌にも登場していたから、その頃の母を知る懐かしい面々からも、電報やお香典が届いていた。

それらを整理しながら、姪っ子とお茶の袋詰めをした。通夜にしか来られない方に返礼として渡すためだ。これらすべて、母のお弟子さんが仕切ってくれたので、私はただ言われたとおりにするだけだった。

たくさんの方が弔問にいらっしゃった。が、私には誰が誰だかわからなかった。母はほんとうにこの地で、たくさんの方々と知り合い、いい時代を過ごさせていただいた。喪主はここで、感謝しなければならない。

「生前母がお世話になって、ほんとうにありがとうございました」と。

しかし私は、母と仲良くしてくださったキャラの濃いおばさまたちの話を聞く

会葬御礼

喪豆知識

通夜や葬儀等に来てくださった方にお渡しする返礼品で、当日にお渡しします。香典を辞退した場合やいただかなかった場合は香典返しの必要はありませんが、会装御礼は用意しましょう。相場は千円以内とされているようです（香典返しについては、126 ページ参照）。

だけでいっぱい、いっぱい。参列者にお酌をしながらペコペコ頭を下げていたのは姉だった。嫁に行ったから云々ではなく、喪主はやはり、姉がやるべきだったのだ。

葬式本番

事実婚だと連れ合いが喪主になれないとか、嫁に行っていると長女は喪主になれないとか、そういう決まり事は誰が決めたのだろうか。私は、ただ「喪主」という置物になって実感した。こういうことは、一番なるべき人がなるべきなのだと。私はもう、喪主ストレスで倒れそうだった。

母の葬式には予想以上の人が参列され、一般参列者と親族が座る席も分かれていた。私は母がこのときのために作ってくれた喪服を着た。いまどき、お葬式でも和服を着る人は珍しいから、それはいかにも私が喪主ですよ、というコスプレのようだった。

葬儀の前、近親者には白い布が配られた。それを胸元にかけるのだが、これは昔、喪服は白の着物に黒の帯だったことの名残だという。

こういう風習は、文化的に面白い。韓国ドラマでも葬式の際、何歳でもリボン型のピン留めを髪にするのが目についた。中国圏では、向こうに持っていけるよう紙幣プリントの紙を燃やす。この紙幣プリントの紙はお店で売られているのだ。こういう文化、風習は大好きなのだが、いざ自分が喪主になるのは、ストレスでしかなかった。来る前に伊丹十三監督の「お葬式」でも観て予習しようと思っていたが、バタバタしていてそれもままならなかった。

お坊さんも三人に増えていた。中央に座る住職は、最高の衣を着けていたと、のちに詳しい人から聞いた。それは母に対する敬意で、葬儀にはサプライズも用意されていた。

絶妙のタイミングで泣かされる

さまざまな方の長い弔辞のあと、あの保育園の園児たちが現れ、母の作った園歌を合唱したのだ。それは入院中に作詞、園で作曲、練習し、葬儀で歌うまでにこぎつけたらしい。やられた、と思った。

母は亡くなってなお、策士なのだ。私は絶妙なタイミングで泣かされ、直後に喪主挨拶だったから、鼻をすすり、涙声で、いかにも傷心して見えた。

子どもを使うとは、あざとい手である。しかしそれでこそ、母の面目が立つ。

喪主があまりにもケロッとしていては、母としては格好が悪い。

お斎

葬儀や法事後の粗宴をお斎ということも、このとき初めて知った。お斎は私たちが泊まっていたホテルの大広間で行われたから、娘にも事前にミキハウスで買ったワンピースを着せて出席させようとしたが、二歳半のイヤイヤ期で、会場に連れていった途端、ぎゃーっと泣きわめき、結局終わるまで、夫が館内を散歩させることになった。

私はまた一人でぽつねんと、手酌でビールを呑むことになった。もう、酒でも呑むしかない、という心境だ。ここでは誰も知らないし、何もできないのだ。ただ母の遺影が美しく飾られていることだけが、私が自分をほめてやれるところだった。撮っておいてよかった。

母の遺影とお骨を前に、生前お世話になった方々が歓談していた。ここは料理が美味しいと評判の宿で、会場に選んでくれたのも地元有志の方々だった。何から何までお世話になって、私はただ座っているだけで良かったのだが、居心地の悪いとこの上なかった。

ここでもまた、姉が参列者にお酌してまわり、ぺこぺこと頭を下げ母の面目を取り繕っていた。なんでこういう人が、嫁に出たというだけで、喪主を務められないのだろうか。

人の助けを借りていい

最後にお渡しする香典返しも、いかにも母が好きそうなちりめんの小風呂敷と、ヨックモックのクッキー、そしてあけぼののおせんべいが入っていた。こういうこともすべて、本当は喪主である私がやらなければいけないことなのだが、母のお弟子さんたちが全部仕切ってくれた。

ありがたい限りである。しきたり、とか、常識、とかが欠落しているために、作家というやくざな商売しかできない私が喪主なわけだから、サポートしてくれる人がいなかったら、母の葬儀は実行できなかっただろう。

映画にも製作実行委員会というのがあるが、葬式にもあってしかるべきと思う。家族葬ならいいが、大きいものになると、動く金額も百万単位になるし、喪主一人ではどうにもならない。だいたい、肉親を失ったばかりで、こういうことがサクサクできる人もいないだろう。

御霊前を法事の費用に

こういうことはとにかくきっちりした佐藤先生が、母の年金給付、最後の月の分が振り込まれていたからと言って、私の口座に振り込んでくれた。それと、葬式のあと弔問に訪れてくれた方々の御霊前や返礼を購入した後の残金を、葬儀関係一切の書類、領収書とともに送ってくれた。

それがちょうど、法事に際するお寺へのお礼と、香典返し、法事の食事代に充てられた。僧侶へのお礼はいくらぐらいなのかわからなかったから、雑学の鬼である親友に聞くと、

「僧侶へのお礼はピンキリなのよ。東京だと百万とかいうところもあるし。でもお葬式じゃないんでしょ？　気持ちでいいんでないの？」

と言われた。母は生前戒名なるものも作ってあったので、その戒名料三十万円もまだ支払っていなかった。百万円はムリなので半分の五十万円と、戒名料の三

十万円で八十万円、佐藤先生から送ってもらったお金を充てることにした。

しかし、生前戒名までつけておいた母、よっぽど恥をかきたくなかったんだろうな。私にまかせたら、

「一番安いので」

とか言って、適当に済ませただろうから。

戒名料はランクによって値段がつけられるみたいだが、曹洞宗の場合一般的には「信士」「信女」とつき、何か生前に功績を残した人には「居士」「大姉」、最高位が「院居士」「院大姉」とつくらしい。

母がよく、院号居士、院号居士といって自慢していた父の戒名は、禅教院育覚武範居士位、母の戒名は妙教院育佐智鏡大姉。戒名料三十万円は高いなぁと思っていたが、最高位の戒名、ネットで調べたら百万円~と書いてあった。時代とともに値上がりしたのか、それともお友達割引?

「いい戒名をつけてもらうと、あの世でもすぐ極楽浄土に行けるんだって」

と母が言っていた。そのため母は菩提寺への寄付も惜しまなかった。きっとファーストクラスで極楽浄土に行けただろう。

戒名　喪 豆知識

お寺の納骨堂やお墓に埋葬する場合は、戒名が必要とされています。戒名は、菩提寺や納骨するお寺の住職に付けてもらいましょう。別のお寺に戒名をお願いしてしまうと、菩提寺へ納骨できなくなる可能性があります。ただ、仏教以外や、お寺の納骨堂、お墓以外の場所に埋葬する場合は、必須ではありません。

形見分け

葬儀の前夜、貴金属の整理はあらかた終わっていた。遺品の整理などは一周忌が過ぎてからするものだと、のちに伯母から聞くのだが、佐藤先生が、金目のものはとにかく残してほしくないから、姉と私がいる間に整理してほしいと言ったのだ。

母のジュエリーは玉石混交、山ほどあったから、欲しいものから親族で形見分けし、いらないものはみんなに分けるという作戦にした。面倒くさいことに、母の半分姉妹として育った従姉から、

「ルビーの指輪とエメラルドの指輪と、黒真珠のネックレス、本真珠のネックレスは、私がおばちゃんからもらうことになっているから」

という注文も来ていた。まずそれを掘り出し、姉に託した。千津子姉さんと姉は仲が良いのだ。姉は地味な人で、貴金属にはまったく興味がない。

「あんたに全部まかせるから、お願いね」

と言われ、姪と一緒に貴金属の仕分けをした。母の研究会の仲間たちもまだい

る間に、特大オバテイストの指輪やなんかは、形見としてもらっていただこう。お世話になった母のお弟子さん、母が仲良くしてもらっていたおばさま方には、それぞれに合いそうな着物と帯を差し上げた。

母の着物は、和ダンス三竿。のみならず山のような洋服、靴、バッグ、和装小物があった。

第3章

死後の膨大な手続き

直後から始まるあれこれ

東京に帰って来てから、毎日佐藤先生と電話でやり取りして、遺品整理と法事の準備に追われた。母のポンコツ車ですら、姉と私のサインがなければ廃車にもできないのだ。事実婚の、ここが面倒なところ。

佐藤先生には山梨での四十九日の際、お骨を持ってきて私の事務所に滞在してもらうことになっていた。そこで、母に関する書類の準備や手続きを済ませてしまおうという計画だった。

なにしろ、日本ではサインだけでなく印鑑、印鑑証明書や住民票もいるから、嫁いだ姉が母の子である証明（除籍謄本）を取るのに、さかのぼって以前、母が住んでいた杉並区の区役所まで行かねばならないのだった。

こういう書類手続き関係も、マイナンバーカードができてからずいぶん楽になったのではないだろうか。いろんな書類をコンビニで取れる時代だから。私の場合、死亡届などは佐藤先生がやってくれたからいいが、普通はここに、そういった手続きも入るわけだから、悲しみに浸っている暇もない。

私はこうしたすべての雑務を、仕事をほったらかして事務所にてやっていたわけだが、ここに小さい子やペットなどいたら、作業は一向に進まず、キレまくりだろう。なにしろ、すぐにやらねばならないことが日々盛りだくさんなのだ。

おねえちゃまの場合

死後の事務手続きすべてを自分でやらなければならなかった場合、どんなもんなんだろうか。経験者に聞いてみた。

四年前、ロータスメンバー最高齢のおねえちゃまが亡くなった後、妹さんは大変な思いをしたという。

「エンディングノートに何も書いてなかったので、ほんと大変でした」

私が『Never Ending Note』のインスタライブに出演した後、こうラインをくれた。

「それも、病気のことは誰にも言わないで、葬式だけは出さないで、ということでしたので、全部一人でやったんです」

おねえちゃまはおしゃれな人で、人から同情されるのが大嫌い。四十代で難病を克服してから、楽しいことだけを考えて生きるというポリシーで生きてきた。だからがんになって闘病生活を始めてからも、最後まで、

「早く治ってロータス行きたいね」

と語っていたようだ。

直後から始まる諸手続き

死亡診断書は、親の代から会員だった葬儀社が代わりに提出してくれた。しかし葬儀は本人の希望で出さず直葬。つまり、火葬だけで済ませた。それも、誰にも言えず一人で。二人とも独身で子はなく、二人で生きてきた。おしゃれで素敵で、ロータスの叶姉妹と呼ばれたものだ。

「でも、全部おひとりで、って大変だったでしょう」

と私が言うと、

「ええ、でも、もう私も退職してたし、時間もたっぷりあったから、やろうと思えばできたんですよ」

と妹さんはほほ笑んだ。

「親のときはまだ働いていたので、時間はなくてもお金があったから、死後の手続きを司法書士におまかせしたんですね。でも、五十万円ぐらいかかっちゃうんです。だから、姉のときは自分でやりました」

役所の無料相談

「葬儀社から『葬儀後の諸手続きと受給ガイドブック』というのをもらっていたので、それに沿ってやってったんですけど、まったくわからなかったので、市役所に電話で相談したんです。そしたら、弁護士さんによる無料相談会があるというので、それに参加しました」

妹さんはそこで教わった通りに動き、法務局に四回通って、おねえちゃまの死後の事務手続きを済ませた。

「面倒でしたけど、印紙代十万円分ぐらいで、すべて済んだんです」

この金額の違いは、このご時世ありがたい限りではないか。

「手続きに必要な除籍謄本は六通いりました。いまはマイナンバーカードが普及

喪豆知識

戸籍謄本と除籍謄本

戸籍謄本は、戸籍に記載されている全員の身分事項を証明するものです。一方除籍謄本は、結婚や死亡などで誰もいなくなった状態の戸籍の写しで、相続手続きの際、必要になる書類です。

してるからもっと簡単でしょうけど、当時は役所通いでそろえなければならなかったから大変でした」

年金は社会保険事務所に行き手続き、銀行の残金を相続するにも除籍謄本が六通必要だったという。病院の支払いや生命保険の受給、カードの解約など、六〜七か所を回り、すべての手続きが終わるまで数年かかった。

あとのことを任せる人

妹さんは七十代になり、六十代の従姉妹にあとのことは任せてある。独身者の場合、後継者がいないと財産は国に返還だが、親の代から住んだ家を、できたら親戚に残したい。そう思うのが人情だろう。

「そこんちは子どももいるし、家は売るなり貸すなり、好きにしていいって」

粋な大人女子、立つ鳥跡を濁さず、美しい最期を遂げそうだ。

専門家に聞いてみた

死後の事務手続きについて、知り合いの司法書士に話を聞いてみた。私が主宰する「一般社団法人日本大人女子協会」の登記、役員更新をお任せしている大人女子だ。

家族の死後、専門家の手が必要なとき、

「相続に関する事務は税理士や司法書士、親族間で揉めたら弁護士なんです。書類の手続きや事務アドバイスは私たちができるんですが、それ以降は一切立ち入れないんです」

だという。しかし、専門家への謝礼は高額と聞くから、まずそこを聞いてみた。

「司法書士さんにお願いした場合、四十万円ぐらいかかると聞いたんですが
……」

「あ、それは、遺産に不動産があって相続登記に三十万円くらいかかるからです。

これは法務局への登録免許税の支払いで、書士の報酬は十万円くらいだと思います。マンションの場合、土地の持分（敷地権）が少ないので課税価格は低いんですが、田舎でも広い土地に建った一軒家の場合、土地の課税価格が高いので、相続登記にお金がかかってしまうんですよ」

ということは、自力で苦労しても結局同じということか。書類事が苦手な人は、だったら専門家に任せたほうがいい。

「書士の報酬は、土地や財産の総額を母数として割り出すものですから、持っていれば持ってるほど、高くなる」

都会の極小住宅でも、土地がついていると相続にお金がかかるという。

「そのため、生前に話し合いで相続者と共同名義にしたり、一緒に住んで名義変更したりする人はいます」

親と住んでもいないのに住民票だけ移す人もいるようだが、四苦八苦の相続税逃れだ。

死後すぐやらなければならないこと

「まず役所に出す死亡届ですが、これは七日以内です。病院や医師からもらった死亡診断書を持参し、役所に死亡届を出して、火葬許可証が交付されて、初めて葬儀ができるんです」

これは葬儀屋さんも代行してくれる。葬儀屋さんも病院で紹介してくれるし、司法書士や税理士も知り合いがいなければ、葬儀屋さんが紹介してくれるという。

「税理士も得意分野があって、葬儀屋さんが紹介してくれるのは相続専門の税理士だったりするので、頼りになりますよ。親族間で問題があった場合には、相続に強い弁護士が紹介されます」

いろいろな手続きに必要な除籍謄本

生命保険やら遺族年金やら、いろいろな受給に必要な除籍謄本だが、亡くなった人が生まれてから死ぬまでに在籍していた一連のものが必要となる。

郵送で遠方の役所に戸籍を請求する場合、決して「何通必要になりますか？」と聞いてはいけないという。それは、役所としては「答えてはいけないこと」になっているらしい。

死後14日以内に、市区町村の役所へ提出する書類　㊎豆知識

【7日以内】①死亡届・死亡診断書（死体検案書）　②火葬許可申請書

【14日以内】①年金受給権者死亡届（報告書　＊厚生年金は10日以内）　②健康保険等の資格喪失届　③介護保険の資格喪失届　④住民票の抹消届　⑤世帯主変更届（住民異動届）

「除籍謄本を郵送で取り寄せるには申請してから一週間ぐらいかかるので、遠方だったりした場合、いっぺんに必要分ほしいところじゃないですか。でも、ダメなんです」

もし故人が、いろいろなところを転々としていた場合、住所と一緒に本籍まで転々と移動していると大変なことになる（相続には出生から死亡までの戸籍が必要）。

「郵送で取り寄せることも可能なんですが、除籍謄本一通につき、定額小為替七百五十円、手数料二百円がいちいちかかるんです」

郵便局で定額小為替七百五十円を手数料二百円で買って、封書にて各役所に送って依頼する。除籍謄本は一通七百五十円、場合によっては戸籍法改正以前の戸籍「改製原戸籍」謄本も必要となる。

「ちなみに、改製原戸籍謄本は一通七百五十円・戸籍謄本は一通四百五十円です。明治五年に戸籍法が施行されて以来、大体どこでも五回戸籍簿の改製が行われており、平成でも改製しているので、改製原戸籍が必要になるケースがあります」

何通も除籍謄本（改製原戸籍謄本・戸籍謄本）を取って、役所に提出したもの

故人の「出生から死亡までの戸籍」の集め方

喪 豆知識

①故人が亡くなった最後の本籍地の役所で、現在戸籍をとる。「出生から死亡までの戸籍を取れるだけください」と伝えるのがポイントです。

②一つ前の本籍地で戸籍をとる。この作業を繰り返します（戸籍には必ず一つ前の本籍地が記載されています）。わからないときは窓口の担当者に相談を。

は返してもらえない。返してもらえるのは、保険会社と銀行だけと聞くが、「年金用に提出したものは返してもらえませんが、法務局・裁判所・税務署に提出したものは、原本還付を希望すればコピーを提出して原本は返してもらえます。また、国民健康保険・社会保険などに加入していた方がもらえる葬儀費用の補助金申請に添付する除籍謄本や住民票も、原本を返してもらえます」ということだ。

死後の銀行凍結は都市伝説？

銀行が口座名義人の死亡を把握すると、口座は凍結されるという（ただ、死亡届を提出しても、役所から銀行等に連絡をされることはないそう）。そのため、「父が亡くなったのですが、入院費の支払いのため貯金の引き出しを」などと窓口で言うと直ちに凍結され、相続後にしかお金はおろせないことになる。なので、銀行に口座名義人の死亡が知られないうちに、ＡＴＭで必要なお金を引き出す作戦に出る人も多いようだが、地元の信用金庫などの場合、すぐさま知られておろせないことになるようだ。

銀行口座の凍結解除手続き　喪 豆知識

①窓口で口座凍結解除を依頼　②必要な書類の収集（相続届〈銀行の所定用紙〉、相続人の確認ができる戸籍謄本、遺言書か遺産分割協議書か相続関係届出書、法定相続人全員の印鑑証明書等　＊金融機関によって異なる）③必要書類を銀行に提出。手続きが完了するまで、２〜３週間を要します。

「貸金庫も凍結されます。もろもろの手続きには時間がかかるので、そういうことは生前、ご家族で話し合われておいたほうがいいかと思います」

ほとんどの人は、話し合いで解決できる相続問題。しかし、親戚の中には守銭奴もいて、家庭裁判所に持ち込むケースもあるという。

意外と有効な自筆遺書

公証役場で証人二名立ち合いのもと（立ち合い人を連れてこられない場合、役場の人を頼めるが、一人一万五千円程度の謝礼が必要）で作る「遺言公正証書」は財産額によるが、だいたい五万円ほどかかる。

しかしこれは家庭裁判所の検認手続きが不要になるし、公証人が遺言者に面談し作成しているため、親族間の争いが起こりにくい。公正証書を作らないまでも、令和二年一月十日から法務局が実施している「自筆証書遺言」を保管してくれる「自筆証書遺言書保管制度（費用は三千九百円）」もそれなりに有効らしい。

「自筆証書遺言は家庭裁判所に検認の申し立てをし、家庭裁判所から相続人全員に連絡があり、筆跡が本人のものであるかの確認をされるのですが、法務局の自筆証書遺言書保管制度を利用すると、この検認の手続きをカットできるのです」

そこには、何々を誰にという遺言のほか、さまざまな「思い」を書き込めるのだという。

「ある方のケースですが、財産を狙っていた冷たい親戚に対して、『おまえらは俺に会いにも来なかったくせに、金ばかりほしがって。恥を知れ恥を』と書いてあったんです。そこまで書かれて、それでもほしがる人はいない」

結果、財産は譲渡したい家族に百パーセント譲渡できたのだという。

遺産相続と財産放棄

十八年前母が亡くなったとき、残された不動産の評価額五千万円以下は相続税がかからなかった。いまは三千六百万円以下が非課税だという。

「遺産総額についてですが、基礎控除五千万円＋相続人一人につき一千万円の控除がありました。平成二十七年一月から、基礎控除三千万円＋相続人一人につき六百万円の控除に変更されたんです」

ネットバンキングやオンライン投資などが残される場合もある昨今、エンディ

相続の期限

喪 豆知識

①相続税の申告・納付：被相続人死亡を知った日の翌日から10か月以内

②遺産分割協議：被相続人死亡時より10年以内

③相続登記：相続開始と不動産取得を知った日から3年以内　＊24年4月1日より義務化。＊＊個人的な都合では期限延長はされません。

ングノートにＩＤやパスワードを書いておいてもらうのは、必須といえよう。

わからなかった場合でも、（法定）相続人であることが証明できれば、預貯金口座などの遺産は相続できる。

必要書類は、①銀行の相続届、②遺産分割協議書か遺言書、③相続人の確認ができる戸籍謄本・除籍謄本・改製原戸籍謄本、④法定相続人全員の印鑑証明書か、遺言により預金を継承する人の印鑑証明書。


残されたお金は、通常配偶者が二分の一、子が二分の一。子ども二人なら四分の一ずつもらえることになる。

「愛人の子でも、平成二十五年十二月五日の民法改正後、同様に相続できることになったんです。離婚した場合も、前妻の子には同等の相続権がある」

しかし、借金しか残さなかった場合はどうだろう。

「自分が相続人であることがわかってから三か月以内であれば、相続放棄できるんです。とはいえ、これも事情によりけりで、死後一年たってから借金が一千万円あったことがわかった、というような場合、確固たる理由があれば放棄できる場合があるんです。漠然とした不安があるから放棄したい、ではダメなんですが……」

財産といっても、借金や、山奥のぽつんと一軒家だった場合、ほんと困る。そういった場合は、放棄するしかないのではないだろうか。

子どもがいない夫婦の場合

旧知の編集者Nさんは、十年前夫君をがんで亡くされ、一人暮らし。七十五歳のいまでも現役でお仕事をされているベテラン女子だ。元広告代理店勤務で経営コンサルタントだった夫君の趣味がヨットで、Nさんも雑誌編集者を早期退職してからフリーランスとなり、逗子在住。

ジャガーに乗り、大型犬を飼い、ヨットでクルーズ。お酒と美味しいものが好きなご夫婦で、仲良く素敵に生きてきた。夫君が六十歳で喉頭がんの手術をしてからも、筆談でおしゃべりを続けた。

亡くなったのは六十六歳。この年、Nさんも大腸がんで手術、入院した。退院して帰ると、夫君がぐったりしていたという。

「慌てて病院に連れてって、点滴と再検査したんだけど、西洋医学的には見放されて、ホスピスを勧められたの」

そして、本人の希望で自宅療養することになった。

「地元の訪問医を契約して、緩和ケアをしてもらってね。痛みを取るモルヒネパッチもだんだん強いのになってって……」

看病するにも、自分もがんから生還したばかりだったので、夫君は要介護認定を受け、ケアワーカーさんを頼んだ。食事には苦労したが、最後まで普通に生活できた。

「喉がただれているからのど越しのいいものしか食べられないんだけど、スープとかなら外食もできたのね。一緒に映画も観に行けたし。寝たきりになったのは最後の一週間だけだったかな」

自宅看取りだったので、お世話になっていた地元クリニックの先生を呼び、死亡診断書を書いてもらった。

「大学病院の主治医は余命四か月と言ったけど、八か月生きられたの」

Nさんがした「喪のしごと」

○市役所で

・火葬費見舞金申請（五万円）

・夫君の印鑑証明破棄
・夫君の健康保険証の返却
・死亡届後、戸主証明書の申請（戸籍謄本、住民票、印鑑証明など）
※今後の名義変更に必要な証明書（医師の死亡診断書を含めて）は、数通ずつ用意

○社会保険庁で
・夫君の厚生年金、国民年金の終了手続きと、遺族年金の申請

○家庭裁判所で（弁護士に代行してもらうものもあり）
・相続手続き（動産、預貯金、不動産）

○銀行で（相続確定後の手続き）
・夫君の預金通帳口座の解約
・夫君のクレジットカード解約

○自宅で
・車の所有名義、自動車保険契約者の変更
・夫君の生命保険の解約、火災保険や地震保険の契約者変更
・公共料金契約者名義と引き落とし口座の変更（電気、ガス、水道、各種保険、NHK等）
・お世話になった方（主治医ほか）へのお礼状（葬儀の報告も含め）
・葬儀、お悔やみなどへのお礼（葬儀参列者のほか、香典、花、弔電、メール、自宅への焼香など）

相続証明書

子がいないため、相続はまたややこしいことになったという。子どもがいない証明書も提出せねばならず、戸籍謄本は二十通も必要だった。

「子どもがいないから、私たちの住むマンションの三分の一は、義母に相続権が行っちゃうの。でもお義母さんは認知症でグループホームにいたから、相続権放

法定相続情報一覧図　裏豆知識

被相続人の相続関係を一覧にした家系図のようなもので、相続にまつわる負担が軽減できます。作成方法は、法務局のホームページから申請書をダウンロードし、管轄する登記所へ必要書類（故人の戸除籍謄本等）を提出。交付手数料は無料で、複数枚の発行が可能です。

棄の書類を作成するのに、お義姉さんに成年後見人になってもらって、代行してもらったの」

不思議な話だが、夫の死後、夫婦で住んでいたマンションの一部がお義母様のものとなり、もしお義母様が元気で守銭奴だったら、売却して遺産を分割せねばならないのだ。しかし、後見人となったお義姉様が遺産を放棄してくれたので、Nさんは住み続けることができた。

「このへんの手続きはもう素人では無理なので、司法書士さんにお願いして、相続証明書を作ってもらったの」

相続証明書には、夫君の自筆遺書もついている。財産は百パーセント妻に残すという文面だ。司法書士への謝礼は三十万円だったというが、法的効力のあるちゃんとした証明書を作ることで安心できた。

亡き夫の置き土産

「最近になって、またひとつ相続があったの。ゆうちょの十年定期預金が満期になりましたって連絡があって」

それは三年前のこと。お義母様はすでに亡くなっていた。すると、この預金は二分の一をNさん、四分の一ずつをお義姉様二人と分割相続することになる。しかし、二人は辞退したという。

自分の終活

一人暮らしのNさんは、いつ何があってもいいように、合鍵を妹さんと、長年の犬友であるお隣さんに渡してあるという。そして、

「延命措置は拒否、葬式はなし。遺骨は夫と同じ場所に散骨してほしいという要望書を書いて、冷蔵庫に貼ってあるの」

夫君の遺骨は、ヨット仲間によって海に撒かれた。

「散骨サービスをする業者に頼めば、ちゃんと遺骨粉砕して、海に溶ける紙で梱包してくれるの。ヨット仲間は十人だから十個作ってもらって。それにお花を添えて、みんなで散骨したの」

その同じ場所に、自分のお骨と、歴代の犬たちの遺骨も撒いてもらう約束をしているのだという。

喪 豆知識

遺言書

遺言書には、本人が自筆で書く「自筆証書遺言」と、公証役場で公証人が作成する「公正証書遺言」があります。費用や手間はかかるものの、法律上の不備を避けられるのは後者です。

マンションと財産は姪っ子さんに残すことを、遺言書に書いた。

「遺言書は手書きじゃなきゃダメだから、いまの私たちには大変よ。パソコン慣れしてるから、字がちゃんと書けないじゃない？　行書のような崩し字はダメ、楷書でしっかり、誰が読んでも読めるように書かなきゃいけないから」

あ、それ一番苦手、と私は思った。六十歳のいまでも、自分で書いたメモが読めない（笑）。終活用に、ペン字でも習おうか。

子どもがいる夫婦の場合

懇意のイントゥイティブカウンセラー、村山祥子さんの夫君が亡くなったのは三年前。糖尿病性昏睡だったという。朝、急激に血糖値が上がって自宅で倒れ、連絡がないのを不審に思った職場の人に発見され、搬送された。

「出勤しようと思って制服に着替えてたの。ズボンはいて、ベルトする前に倒れちゃった」

村山さんは娘たちの進学のため東京住まい。夫君は霧島の山の家から通勤、仕送りしていたという。

「私が病院に駆け付けたときは、もう亡くなっていたの」

夫君の実家は鳥栖《とす》なので、鳥栖での葬儀から始まって、さまざまな手続きのため、東京から鹿児島に何回も通わなければならなかった。

「三、四か月かかったかなぁ。いやー、大変だった」

と当時を振り返る村山さん。

「幸い、相続人が私と娘二人だけだったので、遺産分割協議書を作って、財産分与に関してはスムーズに進んだの。霧島の山の家買ったときもお世話になった、友人の司法書士にお願いして」

知らなかった夫の秘密

「実は、私たちが知らないアパートを借りていて。呑み屋から這ってでも帰れる街中にあったんだけど、まずそこを解約するのが大変だったの」

山の家は国立公園の中にあり、街場からは車で一時間ほどかかる。呑んだら運転もできないし、呑みに行くのが好きだった夫君は、家族には内緒で部屋を借りていたのだ。

「携帯電話の履歴を辿ってね、がーっと、かなり辿って、やっとアパマンショップが出てきたのよ」

入ってみると、たいした荷物はなかったという。

「ほんとに寝るだけの部屋だから、ベッドも膨らませて作る簡易ベッドだったの」

まずそこを片づけて、アパートを解約し、夫君の会社とのやり取りから始まった。管理会社に勤めていたので、制服や備品の返却、諸々の書類作成。銀行関係、保険金請求、遺族年金の手続き、さまざまなものの名義変更。

「定期預金にあるはずだった百万円もなくなっていて。ガールズバーに二十万円、三十万円使ってたのよ」

「ひええっ」

うちの母もそうだが、人は死ぬ前、好きなことにお金を使うものなのだろうか。母はお買い物、村山さんの夫は呑み屋と、所持金は使い切る。

時間のかかる遺品整理

「霧島は売ることにしたので、遺品整理と片づけで一年半ぐらいは毎月、鹿児島に帰っていました」

霧島の山の家は、私も家族で何度かお邪魔したことがあるが、四千ヘクタールの雑木林の中にある。環境保護の観点から、この雑木林を保護する意志で住み続けたのは、直系の村山さんではなく、夫君だった。

「鬱蒼として家に日が当たらなくなったからって木を切ると、烈火のごとく怒ってね」

そこは村山さんの父親が買った土地で、山の家も建てた。別荘として使っていたのだが、晩年は半分ぐらい住んでいて、お父様もそこで倒れた。よって、親の代からのさまざまなものが使ってない部屋に詰め込まれていた。

夫君が愛してやまなかったステレオセットと大量のレコード、CD。十代の頃から愛用していたもので、夜、お酒を飲みながら音楽鑑賞するのが好きだった。その他さまざまな調度品や家具、すべて大きなものなので、東京の家には入らない。

「母の買い集めたものはアンティークショップにタダ同然で売って、レコード九百枚、CD五百枚は東京のレコード屋さんに売ったの。段ボールを送ってくれるからそれに詰めて。DVDやMDは捨てて、オーディオや楽器は地元の音楽関係リサイクルショップに、ピアノは買ったお店が買い取ってくれたの」

片づけて、売れる状態にしても、山林は二束三文だという。

「四千万で買った土地が、たった五百万にしかならないの。それでも固定資産税がかかるより、売ったほうがいいから考えあぐねてたんだけど……」

最近になり、市が環境保護のため買い取ってくれることになった。買ったときの半値だが、二千万で売れた。

「山林は目的があって買う人には価値のあるものだけど、そうでないとお金にはならないの。だからこれは、その土地のことや買い手をよく知る地元の人に相談したほうがいいの」

亡くなってから三年。時間はかかったが、故人も環境保護の遺志を果たしたのだ。

独身で親を看取った友人S

友人Sは独身で父親と二人暮らしだった。末期がんで余命宣告を受けていたが、入院はしたくないというご本人の希望で、在宅医療を受けていた。月二回、かかりつけ医が訪問してくれる。

「入院したくないっていうから、どうしようかと思っていたら、たまたま近所に在宅医療のクリニックができたんです。いわゆる看取り医で、死亡診断書も出してくれるので、自宅で死んでも警察が入ることはないんです」

女性医師で、とても力強く、あたたかい人だったという。

「父は私が仕事から帰ったとき、床にうつ伏せで倒れてたんですが、慌てて先生に連絡し、死亡を確認してもらいました。二人で仰向けにし、一晩中、コンビニに氷を買いに行って、遺体を冷やしていました」

動揺が少し収まった深夜、父親の側近にラインを打ち、その晩はそばで寝て遺体を冷やし続けたという。

「看取り医の先生から、とにかく冷やすことと、ＡＴＭで当面必要なお金をおろしておけと言われ、コンビニに五回通ったかな」

いくらくらいかかるかわからないし、葬儀では現金でしか払えないものもあると聞くから、いろいろな支払いも含めて、とりあえず百万は下ろしておこうと、父親の口座から二十万ずつ五回、引き出した。

「なんか、強盗殺人犯みたいでしたよ」

とＳは笑う。

父親は会社を経営していたので、翌朝、跡を継いでくれたＯ氏から電話があった。

「どの程度の葬儀をあげるおつもりですか？」

「何も考えてなくて、予算も見当がつかないんです。父は、小さな葬儀がいいと言っていましたが……」

父親が息子のように育てた後継者だけに、ネットで検索してちょうどいいところを探してくれたという。テレビにも取材された、ぼったくらず、心を込めた葬儀をしてくれる葬儀社だった。無宗教の葬儀なので、戒名料、僧侶への謝礼はいらなかった。

「東京都は火葬代が高いから、葬儀代金はどうしても高くなっちゃうんですが、区から助成金が七万円いただけるので、百万円以内では収まったんです」

死後の手続き

「まず区役所に死亡届を出さなきゃいけないんですが、これはその後何通も必要だから、コピーを取らなきゃいけないんです。でも知らなくて、原本を渡しちゃったんですね。返してはもらえないから、看取り医にもう一通書いてもらったんです」

これからの方は、死亡届のコピー、取っておこう。

「書類事が苦手なので、四月に亡くなって、翌年の二月までに相続手続きもしないといけなかったんですが、ぎりぎり十二月に司法書士さんと打合せをして、二月までになんとか終わらせたんです」

司法書士からもらったという、「相続人様へのお願い書」というのを見せてもらった。書類事が苦手なSは、父親の側近二人に同席してもらい、確認作業をしてもらった。

「必要な書類とか証明書が、ほんとにこれでいいのかとかも、私にはわからなかったので、いてくれてほんとうに助かりました」

一人っ子だから相続は簡単だが、書類事が苦手な上に、父親の半介護で心身ボロボロの状態だった。

「会社と個人と両方、同じ会計士さんに頼んでいたので、言われるままレシートを揃えてお渡ししました」

一緒に住んでいたため、家の相続税は減税対象だったが、問題はそのマンションが借金の担保に入っているかいないかだった。

「会社経営のため、家も生命保険も資金繰りに使ってたんです。だから、もし借金しか残らなかったら財産放棄しようと思ってたんですが、死ぬ直前に家だけは担保から外れていたんです」

そのためSは実家に住み続けられることになった。

「それがわかるまでは、出てかなきゃならないのかなという不安で、これから先のことなんか考えられなかった」

死亡届②

喪 豆知識

死亡届は、生命保険や銀行口座等の手続きで必ず提出が求められますが、一度原本を役所に提出すると返却不可となります。そのため、必ず多めにコピーを取っておきましょう。コピーをし忘れた場合は、役所で「死亡届記載事項証明書」を取得するか、病院に死亡診断書の再発行の依頼を。

故人の愛と遺志

「一人娘が住むところぐらいなきゃいけないと、父も心配していたようですが、実際には後継者であるO氏が尽力してくださったんです」

葬儀や相続手続きでかかった費用と遺産はトントンだったが、のちに会社が死亡退職金を出してくれた。

「それを樹木葬の費用と、私のリハビリ代と、休職の費用に充てようと思っています」

介護ウツと、介護のため負った肩腱板損傷の治療費だ。

Sはしばらく休んでいた仕事に戻った。いまは通勤に駅まで三十分歩き、一日ハードに仕事をし、元気を取り戻しているという。

相続は悲喜こもごも

人が亡くなると、なぜか親戚縁者が金の亡者になることがある。人が亡くなりそうなとき、亡くなってから葬式まではみないい人ぶり、自分でもそれに酔っているフシがあるが、それが済むと手のひらを返したように、遺産の取り分に目を輝かせる。

我が家の場合、生命保険の受取人は姉になっていたから、私のサインは必要なかった。母はなんでも姉妹二人を平等にという方針だったので、私には家を、姉には生命保険をと振り分けた。

とはいっても、生前給付金の三百万円は母が使ってしまっていたから、姉には残りの七百万円が振り込まれたはずだ。

「生前給付金を使っちゃったから、こんなことになっちゃった（病気になった）のかな、なんて、お母さん病院で嘆いてたんだよ」

と姉が言っていたが、本人が掛け金を支払ったのだから、自分が使っちゃってもいいはずだ。

この、死亡給付金には疑問がある。子どもがまだ小さいなら、保護者死亡の場合は多額の保険金がなければ生きていけないだろう。が、大人になり自活できているなら、死亡時の保険金はいらないのではないだろうか。

私も娘が成人し、もうすぐ自立するので、保険は見直すことにしている。社会人の子どもを持つ友達は、安い入院保険だけにして、死亡保険は解約しているという。

うちに限って……という思いは捨てる

母は現金を残さず使い切り、借金まで残して亡くなったから、相続にまつわるもめ事はないと思っていた。しかし、のちに渋谷のマンションを相続した私のほうが、保険金七百万より多いという主張を姉がし始め、子どもたちが大きくなるまで、毎月十数万の生活費を送ってくれと言ってきた。

「え、私の子じゃないけど……」

これには事情があった。姉はダメンズと結婚して二子をもうけたが、母が亡くなるちょっと前に離婚した。いま気づいたが、じゃあ喪主は姉がやればよかったのだが、子どもたちのために旧姓には戻らないということだったので、嫁に行ったままとされた。

姉は地方公務員なので、収入は安定している。病気をしても生活が保障されているのだ。それに比べて私はフリーランスだから、母が「住むとこぐらいなければ、かわいそうだから」と、家を残してくれたのである。

杉並の家では都心から遠くて不便だから、売って渋谷にマンションを購入するときも姉に相談したが、「あんたの好きにしていいよ」と言われた。「私は帰るつもりないから」と。

そもそも、母と姉はあまり仲が良くなかった。だから死ぬときに、あれだけ頼り頼られたことが不思議でならない。それ要員だったってことか？　元気なときは、母の相手はもっぱら私担当で、特に退職してからは、上京するたびに接待していた。母はいい着物を着て、ホテルなどで食事をするのが好きだった。

余命宣告されてからも、精一杯の親孝行はしたつもりだった。それもこれも私

喪 豆知識

遺産の分け方

遺産の分け方は、①遺言書があればその通りに　②遺言書がなければ相続人全員の話し合いで決める（法定相続分は目安）、の２通りになります。もめた場合は、家庭裁判所の遺産分割の調停または審判を利用することが可能。その前に、弁護士に相談するのも一つの方法です。

の気持ちだから、見返りを要求するつもりなど毛頭ないのだが。それにしても、いつどうなるかわからない生活をしている私が、姉のところに仕送りをするなんてムリだ。私にだって、まだ小さい子どもがいた。

ご無体な要求には公正証書で対処

折しも、時はリーマンショック後で、一気に経済状態が悪くなった頃だった。私は税理士の先生に相談して、渋谷のマンションの財産分与を計算してもらった。母の家を売った金額では買えなかったので、住宅ローンも残っていたから、姉の取り分はたった三百万円だった。

私は定期預金を解約して、三百万円を姉に支払った。それと同時に、弁護士さんに委託して作った公正証書に、サインしてもらったのだ。今後一切、金品の要求はしないこと。

定期預金の三百万円だって、いつ仕事がなくなるかわからないフリーランスにとっては命綱なのだ。みな自分の価値観でお金のことは考えるから、想像もつかないことだと思うが。

ちなみに相続税は、母の家を売って買った渋谷のマンションも、五千万円以下の資産価値だったので、支払わなくて良かった。こういうことも無知なので、すべて懇意の税理士にお願いした。

また、母と私の共同名義だったマンションを、死後私の名義に変更する手続きもお願いした。税理士は司法書士、弁護士も仲間にいるから、書類関係の手続きがよくわからない人は相談するといい。

父が亡くなったとき、祖父が亡くなったとき

身内の恥を晒すようでイヤなのだが、父が亡くなったときも、母は、それまで同居していた祖父の面倒を見ないなら、財産放棄をするよう、伯母に言われた。母はこのときすでに、東京の明星学園からスカウトが来ていて、上京するつもりだったから、祖父の世話はできなかった。

昔は長男の嫁が世話をするべきとされていたが、ここもわけありで、次男である父が隠居部屋を作り、同居していた。しかし父亡き後、自由に生きたい母は、教科書を使わない自由教育を明星でしたいという夢をあきらめきれなかった。

「山梨では後家は地味な恰好をして、家に引きこもってなきゃなんない」

と、私を連れて上京してしまった。姉はそのタイミングで看護学校の寮に入った。私は明星学園高等部に二年から編入し、東京の生活が始まったのだ。

母は財産放棄の書類に、三十か所ぐらい判を押さねばならなかったという。

「もう、朱肉で真っ赤になるぐらい押したよ」

祖父の財産は山だった。持っていた山をゴルフ場に売ったので、孫たちにまで一人二千万円の相続があったとか。ふもとの土地も持っていたので、それを相続した人もいるという。

自由か、金か。母は自由を取った。私もきっと、自由を取ると思う。

叔父の家に引き取られた祖父は何年か後に肺炎で亡くなったが、私には小さい頃かわいがられた思い出が、財産として残っている。病弱だったから祖父がいつもついていて、世話をしてくれていた。

財産は、愛された記憶だけでいいのである。

第4章

法事はどこまでやるか

納骨式（四十九日）までのこと

仏教の場合、初七日の法要は葬儀の際済ませてしまうことが多い。亡くなってから七日目は死者が三途の川を渡る日とされ、この川が激流か中流か緩流かのお裁きを受ける大切な日なので、緩流を渡れるように法要するのだとか。

四十九日まで遺族は祭壇を設け、故人が極楽浄土に行けるよう供養すべきらしい。今回、執筆にあたってネットで調べたら、そういう意味があったのかと初めて知った。

中陰壇《ちゅういんだん》といい、葬儀の後、そこに遺骨、遺影、白木の位牌を安置し、お花や燈明、香炉を置く。そしてできるだけその前に座り、手をあわせるべきと書いてある。特に閻魔様のお裁きを受ける三十五日目は、丁寧にお祈りしたほうがいいのだとか。

自分なりの祭壇を作ろう

遺品の整理をしつつ、四十九日の準備と、あとから来るお悔みの対応に追われた。母の死を知った私の仕事関係の方々が、お花やお香典を持って来てくださったので、私は事務所にも、母の祭壇を作った。

ファックス台にしていた木製のキャビネットに遺影とお花を飾り、バカラのショットグラスを水差しに、ガラス製の線香立てを置き、弔問客に備えた。遺影には一度も着けることがなかった白蝶真珠のネックレスをかけ、カメオのブレスレット、オーストリッチのバッグもお供えした。

仏壇は家にあったが、そこには猫二匹と二歳児、ベビーシッターのフィリピン人がいた。わやくちゃになっているので、弔問客はお招きできない。故人を偲び、ゆっくり話すこともできないのだ。

こういう事情がない方も、仏壇がない場合、祭壇を作るのをおすすめする。現代の生活に合う仏壇といってもお高いし、わざわざ買うより自分なりの素敵な祭壇を作るのだ。これは無宗教でもアリだし、お祈りスペースとしても○。

四十九日とは？　喪 豆知識

四十九日は忌明けとされ、喪に服していた遺族が日常生活に戻る日です。故人が亡くなった日を一日目とし、そこから数えて四十九日目のことをいいます。法要を行う場合は、実際の日か、それよりも前に。また、本位牌や仏壇の準備も必要になります。

四十九日までに用意しなければいけない位牌

ネット調べで、私が事務所に作った祭壇は、中陰壇だったのかと驚いた。便宜的に設えたものではあったが、母の差し金だったのだろう。白木の位牌は佐藤先生宅にあった。生前戒名が赤字で掘られた位牌が菩提寺にあり、それを命日も入れて四十九日に間に合うよう、金字に塗り替えてもらっていた。

生前戒名などない場合は、亡くなったらまず菩提寺に連絡をして、戒名をつけてもらうところから始めなければいけない。寺に嫁いだ友人に聞くと、

「菩提寺と葬儀社と檀家さんで葬儀の日取りを決め、葬儀までに住職がお戒名をつけます」

と言う。お経の中に戒名を読み上げるので、戒名は必須なのだ。でも、そんなお金はかけられないという方は、自分で戒名をつけるやり方もネットに出ていた。不況、物価高のいま、自力戒名もいいんじゃないだろうか。

納骨式は桃源郷で

「法事は三か月にまたがっちゃダメ」と伯母に言われ、菩提寺に納骨式の日にち

を変更してもらった。四十九日前でも、早い分にはいいというのだ。さらに、どの親戚や研究会の人たちを呼んだらいいか。これまたキーパーソンの確保が大事だ。

父方の親戚筋は従姉のミサちゃんに、母方は従姉の千津子姉さんに、研究会関係は浅川先生にお願いした。伯父たち、伯母たちもすでに他界していて、両家集めてもわずか三十人ぐらいのものだったから、電話連絡で事足りると思いきや、親戚の中にはちゃんとした書面でもらわねば困る、という人もいて、その作成もせねばならなかった。

どんな文章で書いたらよいかわからず、当時はネットで調べることもできず、佐藤先生に尋ねると、

「理香さんらしい文章でいいんじゃないかな」

と言われたので、適当にパソコンで書き、プリントして郵送した。

法事のあとの会食場所も、ミサちゃんにお願いした。私が山梨を離れたのはまだ高校生だったので、どこの料理屋さんがいいかとか、まったくわからない観光客レベルだったからだ。

四十九日の準備 喪 豆知識

やるべきことが多いため、葬儀後すぐに準備を始めましょう。
①日程を決める ②会場（自宅や菩提寺、ホテル、セレモニーホール等）を決める ③僧侶の手配 ④案内状の作成・発送 ⑤会食の手配 ⑥引き出物の手配 ⑦位牌の手配 ⑧お布施やお車代の手配 当日の服装は喪服が一般的です。

四十九日は四月の最後の日曜日に行った。それはちょうど、山梨が桃の花で桃源郷になる時期だった。これも母が図ったとしか思えないタイミングで、車窓からそれを目にした私は、感銘を受けた。策士やなぁと（笑）。

季節もちょうど、寒くなく暑くなく、年寄りが集まっても具合悪くならない陽気だった。納骨式に集まった面々は、菩提寺の桜吹雪の中にいた。この演出も素晴らしかった。天気も良かった。母は本当に、恵まれた人だったのだ。

法事の前日、佐藤先生は遺骨を抱えて上京した。一人では新幹線でお骨を置きっぱなしではトイレにも行けないからと、姉と子どもたちが迎えに行った。私は菩提寺へのお布施八十万円を包む無地の袋を嵩山堂はし本へ買いに走った。

これも親友に聞いたのだが、僧侶へのお礼は無地の袋（和紙）に入れるものだそうだ。八十万円を入れた袋は、母の名入り、紫ちりめんの不祝儀袱紗に包み、持参した。

骨壺にお骨を入れ替える

お骨はなんせ骨壺に入っていないため、そして喉仏と歯が入っていないため、事前にやらねばならないことがあった。菩提寺に事情を話し骨壺を取り寄せてもらい、前日に山梨入りしてお骨を移し替えたのだ。

これは内輪で、秘密裏に行わねばならなかった。歯と喉仏を事実婚だった佐藤先生に分骨したことが親戚にバレたら、どんな非難を受けるかわからない。何もしなくても文句だけは言う。渡る世間は鬼ばかりだ。

体裁を整えるために遺族が苦労する。それも喪のしごと。母のことで心が通じ合っていたのは、最後の十二年半を共に歩んでくれた佐藤先生だけだったような気がする。

佐藤先生は老人ホームに入る前まで、何度か山梨にお墓参りに行きたいと言って上京した。菩提寺は甲府駅からも離れているから、うちの車で連れてってくれと。いつも滞在する調布のお嬢さんの家まで迎えに行き、山梨に参った。

「これが最後の墓参りになると思うから」

と言われて一緒に行ったときのことを思い出す。佐藤先生はすでに耳が悪く、乗り換えるはずだった在来線に乗り遅れてしまった。それで四時間、次の電車を待って、大変な思いをしたのである。

最後の墓参りは、ドライブして山中湖のワインセラーにも寄った。ワインが大好きな方だった。ほうとうをみんなで食べて、ビールで乾杯した。あれが佐藤先生との最後の食事だった。

それからも老人ホームに入るまでは、毎年秋に、新米のきりたんぽ鍋セットを送ってくれた。血はつながってないが、第二の父だったのだ。

四十九日の法要

四十九歳から東京の私学に勤め、退職後秋田に移住した母だが、故郷山梨での納骨式は、さながら二回目のお葬式だった。

親戚と研究会の仲間、歴代の教え子たちと、七、八十人もの方が参列された。私と姉は受付にいて、何十年も会っていなかった両親の仲間に挨拶し、懐かしい笑顔を交わし合っていた。

母の絵本研究会以前に、父の絵の会があったので、その仲間たちとも、家族ぐるみのおつきあいをしてきた。私と姉はその中で育ったから、第二の家族、親戚みたいなものなのだ。

しかし、ここでまた、本当の親戚を疎かにしていたと、あとから文句を言われてしまうのだった。

受付は第三者に頼む

受付は誰か他の人に頼み、施主である私は親戚の接待をしなければならなかったらしい。法事の席に座る順番も、血縁の遠い近いとか年齢順に決めて、私が案内しなければいけなかったようだ。

しかし、親戚づきあいのない私には、遠い親戚は誰が誰だかわからない。もう何十年も前に、あの財産放棄の書類にハンコを押し山梨をあとにしたときから、母も故郷を捨てたようなものだった。

代わりに菩提寺が、毎年墓参りをする際に寄り、大黒さん（住職の奥様）とお茶して親交を深める、親戚のような関係になっていた。美人で頭のよい大黒さんで、ツーといえばカー。電話一本で、いつもすべてを取り計らってくれた。

しかし四十九日の法要も、私は施主をすべきではなかった。あとから親戚が撮って送ってくれたスナップ写真を見ると、頭にサングラスをかけっぱなし。母自慢の色喪服も台無しだった。

そのうえ、お斎では娘が眠くなって泣いてしまい、私は授乳のため着物の前をはだけなければならなかった。胸にも膝にも涙とよだれのあとがつき、着崩れてヨレヨレ。もう、手酌で酒でも呑むしかなかった。

いまでも思い出す。そんな私に向けられた、親戚のオジサンたちの白い目。小さかったころは優しかった伯父も、彼らにとっていやな女になった私を軽蔑していた。

親戚を疎かにするような女は、自分が主催した席でも招かれざる客なのだ。ここでもまた、私の代わりに姉がぺこぺこお酌して回って、その場を取り繕っていた。こういう人が、本来施主もすべきなのだ。

ほんとうのお斎とは

日本は血縁こそが大事で、戸籍上の家族以外はアカの他人、という価値観の人が多いように感じる。そして葬儀もそういう価値観のもと行われる。が、ほんとうにそれで、故人が嬉しいのだろうか。

結婚していても、ほんとうに仲の良い家族は稀だし、年を取れば取るほど、夫婦も疎遠になる。だから、ほんとうに心から仲間と思える他人のほうが、家族といえるのではないだろうか。

喪 豆知識

四十九日当日に準備するものの一例

①魂入れの対象になるもの：白木位牌、本位牌、ご本尊、脇仏

②僧侶への御礼：お布施、御車代、御膳料

③法要に必要なもの：遺影、遺骨、祭壇用の花、供花、線香、焼香用香炉等

会場や宗派によって異なるため、事前に会場に確認を。

友人Sのお父様のお斎は、心温まるものだった。骨上げまでの間、軽い昼食とビールで献杯したのだが、メンバーはSのお父様の会社の面々と親戚のようにつきあってきた家族、学生時代のご友人たち、喪主のSと、その友人だけだった。

S以外知り合いが一人もいないお斎だったから、コロナ禍でもあり「お弁当はお持ち帰りもしていただけます」とのことだったので、持ち帰っていただこうかと思っていた。が……。

Sの中学校時代の仲良しさんが、話のとても上手な方で、中学時代S宅にお邪魔したときの話など聞いているうちに、ついつい居残ってしまった。ご両親がまだ若かりし頃の想い出だ。

「お母さんがおしゃれな方でね、泊まったら、翌朝茹で卵がエッグスタンドで出てきたの。そんなの見たこともなかったから、はー、少女漫画みたいだなって」

献杯は、会社を継いだO氏がした。みんな心から、Sのお父様を偲んでいた。こういうのが、本当のお斎ではないだろうか。

山梨絵の会の仲間

そういう意味では、父の絵の会の仲間で、家族ぐるみで仲の良かった久保島先生と会食をしておけばよかったと思う。先生は納骨式にとっておきのおしゃれをしてきて、菩提寺のふもとのバーベキュー場で肉を焼いて食べないかと言った。

「サチ子を偲んで、肉を焼きたいんだ。俺は一人でも焼く」

と。いま思えば、居心地の悪い親戚との会食より、久保島先生と肉でも焼いたほうがずっと良かった。変わり者で、父とも喧嘩しては仲直りして、美味しいものを作って一緒に酒を酌み交わす、いい友達だったのだ。

カエルの子はカエル。私も変わり者なのだ。そういう人が、世の中の常識にのっとって喪のしごとをするのはストレスでしかない。私は思う。これからは、残された人たちが思うやり方で、送る会をすればいいのではないかと。

あのときは、「法事のあとにＢＢＱで肉焼こうなんて、やっぱ久保島先生変わってるよね」と姉と言い合ったが、いまとなってはほんとうに母の死を悼んで、精一杯の敬意をはらおうとしてくれたのだとわかる。

ボルサリーノをかぶり、ダンディな三つ揃えで来てくれた久保島先生に、たぶんもう他界しているだろうが、ありがとうと言いたい。

香典返し

法事が終わると、さっそく文句を言われた。千津子姉さんと叔母が姉のところに行き、お骨を抱いてあげたかったとか、施主である私の不備について、いろいろ言うのだそうだ。私はそれどころではなかった。香典返しに追われていたのである。

お返しは半返しというから、すべての香典を開いて把握し、それぞれの金額に見合ったものを、お礼状つきで送らねばならない。五千円以下は参列された際お茶を差し上げているからいいとして、一万円以上は、その半分の金額に相当するものを、なにかしら選ばねばならない。

これはほんとうに、無意味な慣習だと思った。無駄な買い物をするために、みんなからお金をもらったようなものだ。

最近ではカタログ返礼が主流になっていて、過去十数年、いろいろな返礼を選んでいただいたが、どれもこれも、いらないものばかりだった。しかし、自分で

喪豆知識

香典返し

香典返しの金額相場は、いただいた香典の半額程度で、時期は忌明け法要（四十九日法要）後１か月以内が目安になります。ただ、最近は通夜や葬儀後にお渡しする「当日返し」も増えています。

デパートに通うより、このほうが喪主も施主も楽だ。

十八年前、私は事務所から一番近いデパートに走った。とりあえず、秋田のお葬式で母のお弟子さんが用意してくれたものを見習って、同じちりめんの小風呂敷がないか、和装小物売り場に赴いた。

母の計らいか、まったく同じものがそこにあった。それを人数分注文、プラス、お菓子とあられをつけねばならぬ。

カスタマーセンターを利用せよ！

最初は地下名店街を見て回り、お茶やお菓子を選んで送っていたのだが、ほとほと疲れ切り、こんなのお中元・お歳暮と同じじゃん、と思ったところで気が付いた。

「そーだ、カタログショッピングがある！」

デパートにはカスタマーセンターがあり、そこでご贈答品はカタログで選んで注文、発送できるのだ。しかしお礼状は五十枚以上からしか承りませんと言われたので、ぎりぎり四十数枚、自分で製作し、包みの中に入れてもらった。

喪 豆知識

香典返しと四十九日法要の引き出物

香典返しは、通夜や葬儀等でいただいたお香典に対するお礼です。一方、四十九日法要の引き出物は、法要のお供えへの返礼品として、全員一律の品物を当日にお渡しします。

たくさんいただいた方には半返し以上のものを贈り、お世話になった方にはいただいた以上のものを贈った。千津子姉さんには母の着物を押し付けてしまったから、お返しの品プラス金券を送ろうと思った。

そこで初めて気づいた。のしには祝い熨斗と、喪の熨斗があることに。

のしは喪の熨斗で！

それは、デパートの金券売り場でのことだった。

「お熨斗は、どちらになさいますか？」

と聞かれ、私は恐怖に震えた。

「喪、喪の熨斗で……」

そこから私は地下名店街のルピシアに走った。金券売り場にいく前、そこから送った二件の返礼に、熨斗を付けてほしいと頼んだが、どちらの熨斗か指定していなかったのだ。時すでに遅く、祝い熨斗がかけられた紅茶セットは発送されてしまっていた。

「すみません、ご指定がない場合は、たいていお祝いの返礼なので」

とお店の人は恐縮していたが、それは私のミスだった。これからの人は気をつけたほうがいい。

「お詫びの品と、詫び状をそれぞれに送らせていただきます」

係の方のミスということにしてくれたが、ほんとうに、恥をかいた。というよりも、迷惑をかけた。

香典は寄付という手もある

ほんとうに大変な思いをし、その顚末をベテラン編集者に話すと、

「事前にお香典はお断りしますって案内状に書いちゃう人もいるし、お香典を寄付して、すべてどこどこに寄付しましたって、お礼状に書く人もいるわよ」

と教えてくれた。そーだ、その手があったか‼　こんな、施主が苦労ばかりする慣習は、いますぐやめるべきなのだ。私は母の香典の残り五十万を、山梨子ども図書館に寄付した。

これは母の腹心、浅川先生がＮＰＯ法人を立ち上げ、母と山梨子どもの本研究会の仲間たち長年の夢だった、子ども図書館設立に向けて動き出したものだった。

喪の熨斗紙

喪 豆知識

「熨斗紙」は慶事の際に使用されるもので、仏事の際は「掛け紙」といいます。しかし、昨今では仏事の際に使用する場合も「熨斗紙」といわれるように。弔事用熨斗紙は、四十九日前（通夜・葬儀）、四十九日以降（各種法要）、お盆、と時期によって異なります。

香典は母のお金なので、母の名前で寄付させていただいた。

十八年たったいま、後日談がある。

亡き母が現実を操る

この本を書いていたら、ロータスの電話に留守番メッセージが入っていた。

「甲府の浅川です。子どもの本研究会の、五十周年記念誌を作っているんだけど、十周年記念誌のとき使った、貴方のデザインをまた表紙に使いたいのだけど、一度ご連絡いただけますか？」

「えーーーー!!」

母はここまで、死んでなお現実を操作する力を持っているのか。しかし十八年前の住所録はすでになく、浅川先生の連絡先はわからなかった。私はネットで山梨子ども図書館を検索すると、すでに浅川先生は代表を退いていた。私は「お問い合わせ」から連絡し、先生の電話番号を聞いたのだった。

「横森サチ子の娘の横森理香と申します。浅川先生にご連絡をいただいたのですが、電話番号がわからず……」

翌日すぐに返信があり、連絡先をいただいた。電話口に出た浅川先生は、滑舌もすこぶるよく、相変わらず頭脳明晰。九十四歳のいまも、現役で研究会の活動をなさっていた。

「ああよかった。これから印刷所に行くところだったのよ。ほら、デザインも著作権があるから、一応本人に許可を得ないといけないと思って」

私が美大時代に描いた「耕」というタイトル文字だ。

「どうぞ使ってください」

と返事をしてから、懐かしい、浅川先生との長電話が始まった。

山梨での偲ぶ会

私が小学校中学年の頃、県立図書館に連れて行かれ、司書の浅川先生に紹介された。そこで母の講演会があり、私はちょこんとそばに座り、一緒に話を聞いていた。終わると浅川先生以下おばさまたちが、

「いい子にしてたね」

「えらかったね」

と頭を撫でてくれた。この出会い以降、おばさまたちは母の仲間となり、子どもの絵本研究会の活動を始めた。

それが十歳のときのことであることが、浅川先生の電話でわかった。「耕」という会報誌が、五十周年を迎えたのだ。

電話口の浅川先生は御年九十四歳、記憶は鮮明で、母との出会いについて語ってくれた。

「あの頃、山梨では子どもの絵本の専門家がいなかったのね。それで、私も図書

館をやっていてどうしようかなと思っていたの。貴方たちが山中にいた頃よ。横森サチ子先生が、子どもたちに絵本の読み聞かせをしているって記事が、山梨日日新聞に載ってたの」

両親は公立学校の教員だったから、四年間の僻地勤務というのが義務付けられていた。ちょうど私が小学校に入学するとき、山中湖に転勤したのだ。山中東小学校という、それこそ「二十四の瞳」的な学校に、私と姉は通い、母は教員として勤務し始めた。そこでの活動が取材され、記事になったらしい。

「それで急いで連絡して、県立図書館に来てもらったの」

母の絵本の研究は姉と私が生まれたときから始まっていて、私たちは母の読み聞かせで育った。いわば、研究対象だったのだ。まさかライフワークとして生涯読み聞かせに携わるとは、この頃母は思ってもいなかっただろう。

いま知らされる母の夢

山中湖に住んでいた頃も、たびたび研究会で甲府に行っていた。東京からも、秋田に移住してからも、山梨子どもの本研究会と全国研には、必ず出席していた。

母の死後、浅川先生がＮＰＯ法人山梨子ども図書館を立ち上げたのは、母との長年の夢だったからだ。

「ほんとはね、退職したら実家の土地に子ども図書館を建てて、そこに住むって言ってたのよ。みんなが集まるスペースも作るから、そこで研究を続けようって。でも、秋田に行っちゃったでしょう？」

秋田に移住する前、母は佐藤先生をみんなに紹介したのだという。

「石和《いさわ》温泉で研究会やったときに連れてきてくれてね、これからはこの人と生きていきますって。そういうことはちゃんとした人だったわ。なんだか知らないうちにどっか行っちゃったってことはない」

母は秋田で十二年半読み聞かせ活動をし、仲間を作った。死後、「朗読ボランティアいずみの会」の人たちによって、母の蔵書を集めた「横森文庫」が、象潟《きさかた》公民館の図書館にオープンした。

「お母さんは秋田でも夢を果たしたから良かったの。もう一つの夢はね、日本に子どもの本の専門家を増やそうってことだったから、ＮＰＯ法人にして、専門家養成を始めたのよ。これには貴方も五十万だか寄付してくれたわよね」

「はい、香典の残りを……」

「おかげさまで私は七期、代表を務めて、いまは三代目が頑張ってくれてるのだけど」

「はい、ホームページで知りました」

「子どもの本研究会もね、簡単だけどホームページ持ってるのよ。私は幸いパソコンが使えるから、貴方の連絡先も日本大人女子協会のホームページから知ったの」

母の腹心は、パソコンも使いこなす九十四歳だった。

母の遺志を継ぐ仲間たち

納骨から一か月後、母を偲ぶ会が甲府市で開かれた。そこには山梨子どもの本研究会と、父の仲間、山梨絵の会の人たちが参加してくれた。子どもの本研究会主催だったので、私は母の遺影を持ってゲストとして参加した。

その際、山梨子ども図書館を立ち上げる話が出て、いわば立ち上げ式みたいな形になった。母は死んでなお、その遺志を残された者たちと果たしているのだ。

山梨子どもの本研究会の会報誌「耕」は、何もない荒れ地を耕すという意味がある。知の畑を耕す夢だ。

浅川先生は、連れ合いを亡くし、お嬢さんもがんで亡くしたが、一人で元気に生きている。

「去年転んで大腿骨骨折をしたんだけど、二か月リハビリしていまは普通に生活できるのよ。外に出るときだけ杖を使うけどね」

研究会のときは、会の仲間が車で迎えに来てくれるという。生涯現役なのだ。

「お母さんの命日いつだったっけ？」

「三月十六日です」

「あら、じゃあ私、原先生でも誘ってお墓参りに行こうかしら」

「それはありがたいです。私も行かなきゃいけないんですが、遠くてなかなかお墓参りにも行けず……」

とはいえ、墓は山の上だ。杖をついた老人が、伸びた草に足を取られて転んでもいけないからと、私は菩提寺に電話をかけた。

それぞれの供養と新盆

菩提寺の大黒さんも高齢で、数年前がんを患い手術を受けた。コロナ禍がいったん落ち着いた夏、久しぶりに墓参りをしたときは術後で、お寺の仕事はお嬢さんがやっていた。

ところがいまはすっかり回復され、元気に電話にも出てくださった。

「そうですかぁ、もう十八年……」

「十七回忌もコロナ禍でもう過ぎてしまったし、普通に命日の卒塔婆《そとば》をお願いしたいんですが」

「ではお彼岸の卒塔婆ということで住職にお願いしますね。お経もあげてもらっときます。お墓のほうも、草もそんなに生えてないと思うけど、今日様子を見てきますね」

「ありがとうございます」

ツーといえばカーの大黒さん、お墓も任せきりだ。

卒塔婆　喪 豆知識

亡くなった人の追善供養のためにお墓に立てる、細長い木の板のことです。「そとば」「そとうば」と読み、サンスクリット語「ストゥーパ」が語源。節目の法要（一周忌や三回忌等）や月命日、お彼岸、お盆等に立て直すことが多いようです。

「お母さんのお仲間らしき方たちが来たら、お茶でも召し上がってってもらいますね」

「よろしくお願いします」

ほんとなら私が出向いて、浅川先生たちに法事飯のひとつも出さなきゃいけないところだが、夫も私も仕事で娘もいろいろ忙しい。私はその日、お布施を一万円、現金書留で菩提寺に送った。

それなりの供養の仕方で

命日を前に、私は久しぶりに仏壇の掃除をし、母の好きだったとらやの羊羹でもお供えしようかと思った。が、いざとらやに行ってみると、買う気がしなかった。お下がりをいただく前提で購入するとなると、とらやの羊羹は私には甘すぎる。

最中のほうがまだ大丈夫そうだったので、最中を四つ買った。二つお供えすると、案の定、夜中に頭の黒いネズミが一個食べていた。翌朝、夫が残りの一個に手を出したので、

「あ、それ、命日のお供物だからね」

と阻止した。甘いものに目がない夫と娘だ。念のため多めに買っておいてよかった。

母が最後に作って、一度も着けることがなかったアクセサリーも、位牌にかけてあげた。白蝶真珠のネックレスとカメオのブレスレット。

さらに、一周忌の際、母が好きだった中華料理店「陳」に連れていった小さい遺影をアルバムから取り出し、トリミングして額装した。それに薔薇の花を添え、テーブルに飾った。

家族でどこか食事に行けばいいのだろうが、娘はアルバイトで帰りが遅く、足並みは揃わない。せめて法事弁当でも取ろうかなと思ったが、ネットで調べると前日の十八時までに注文と書いてあったので、あきらめた。

それに、夕飯は最早晩酌しかしないので、アラカンのいま、そんなには食べられなくなっている。私はあきらめて、ロータスの帰りに信濃屋に寄り、つまみと酒を買って帰った。そして、普通に韓ドラを見ながら、母の遺影を前に晩酌をした。おっつけ夫が帰って来て、餃子を焼いてくれた。

私が寝る頃、娘が帰ってきたから、

「今日命日だからお線香あげときなー」

と声をかけた。

「はーい」

家族みんなが元気で忙しくしている。それがなによりの供養かもしれない。

新盆のお焚き上げ

この本の編集者Yのお父様は、お線香、戒名、お経はお断りだったそうだ。お坊さん嫌いに加え、「喘息で苦しんだから死んでまで煙は吸いたくない。お線香は×」とメモに残した。

そこまで指示してくれると楽だが、指示のない場合、あれもやってあげなきゃこれもやってあげなきゃ故人が報われないと、遺族は考えてしまう。

私は母が亡くなった夏、初めてお盆の提灯を買い、お焚き上げをした。

「新盆だから、ちゃんとしなきゃ……」

と。お焚き上げセットも毎年その時期になるとスーパーで売られているが、やったのはこの夏だけだ。父のときもやった覚えがない。小さいときはキュウリやナスに割りばしをさして馬にした覚えはあるが。母のときは娘も小さかったので、キュウリとナスの馬に喜んだ。

新盆の際は、提灯をつけておかないと霊がどこの家に帰ったらいいかわからないと言われていて、キュウリとナスの馬に乗って来るとか帰るとかいう話だ。ほんまかいなと思いつつ、一応、やった。

しかしお盆も、東京は七月だが山梨は八月の旧盆に行う。どっちがいいのかわからなかったので、七月に行った。おがらのお焚き上げセットも、東京では七月のお盆しか販売していないからだ。提灯もネットで買ったが、あれ以来使っていない。

本当は僧侶を招いてお経を上げてもらうのが筋だが、上京した際ついでに寄ってもらったのはいつだっただろうか。アラカンのいま、私だって山梨に行くのは億劫なのだから、住職とて大変だろう。

新盆（初盆）

㊞豆知識

故人の四十九日以降、初めて迎えるお盆のこと。なお、四十九日以内にお盆がくる場合は、翌年が新盆となります。新盆では法要を執り行うのが一般的とされていて、通常のお盆では執り行いません。東京などでは7月、それ以外の地域では8月とされています。

頭をかすめる墓じまい

私などまだ隣県なので、行こうと思えば車で行ける。しかし、遠くて旅費もかかる地方に両親のお墓がある大人女子は、墓じまいも検討している昨今だ。私もふと思うことがある。東京にお墓を移したらエグイ料金がかかるだろうなとは思うが、お墓参りをするには便利だ。

夫と別居し、港区に住んで青山に自分のお墓を建てた親友のお母様は、外苑前のおしゃれな寺に眠っている。が、都心だけに永代供養料が高額（年間五万円超え、檀家は四万円弱）で、親友は墓じまいを考えているそうだ。

過疎化する山の上にあった横森家先祖代々の墓も、伯母が生前、麓の菩提寺に移した。我が家の墓にお参りがてら寄れるので、これは便利だ。ここですら、急坂を登るのは私の運転では不安なので、夫と一緒に行かねばならぬ。

夫は最早面倒みたいだし、だいたい、うちの両親と猫しか入ってないお墓に、私はともかく夫が入りたいとは思えない。実家の静岡に帰してやったほうがいいんじゃないかと思う、今日この頃である。

一周忌

法事はやろうと思えばたくさんある。命日から満一年が一周忌。満二年が三回忌、満六年が七回忌、満十二年が十三回忌、満十六年が十七回忌、満二十二年が二十三回忌、満二十四年が二十五回忌、満二十六年が二十七回忌……はぁ。満三十二年が三十三回忌。

三十三回忌でやっと弔い上げとなるそうな。故人の位牌から先祖代々の位牌に合祀されるとか。今回執筆に当たってネットでいろいろ知るが、父の位牌はまだそのまま祀られている。亡くなったのは四十五年前だから、とっくに弔い上げとなってはいるが。

宗派によっては亡くなってから満四十九年を五十回忌とし、やっと弔い上げとなるそうだ。生前に罪を犯した故人も、それが許され極楽浄土に旅立てるとされている。

そしてよっぽどの旧家でない限り最早やらない百回忌は、命日から満九十九年目に行われる。私でも耳にしたことがあるぐらいだから、昔はここまでやっていたのではないかと思われる。しかし……。

我が家も、父のときは三回忌まで、母のときは一周忌までしかやらなかった。それも、居住まいを正して食事に行っただけだ。お墓に卒塔婆とお経は上げてもらったが、娘をベビーシッターに預け、親友と夫、母の遺影（ミニ）で、母の好きだったセルリアンタワーの中華料理店「陳」で献杯した。

故人の写真とアクセサリー

弔い方は人それぞれでいいが、私は母のアクセサリーを身に着け、レストランのテーブルに飾っても恥ずかしくないサイズの遺影を持って行った。故人が生きていたら来たかっただろう店に連れて行くのが供養だ。

「陳」の陳建一さんも亡くなったが、当時はたまに厨房に顔を見せていた。「料理の鉄人」で知られるシェフだが、母は有名人好きに加え、中華料理が好きだった。最後に食べた中華も、ここの汁蕎麦だった。

ほんとは大好物のおこげを食べたいところだっただろうが、すでに末期がんだったので、野菜汁蕎麦にしてもらった。それでも完食、デザートの杏仁豆腐まで食べきったのだから、その食欲たるや。

もっともっと御馳走を食べ、もっと派手に生きたかった母だから、パーティや海外旅行、素敵なレストランなどに行くときは、いつも母のアクセサリーを身に着けていった。これは私なりの弔いだった。しかし、遺族も年を取る。

弔う側の老化

最近は、リメイクした母のアクセサリーすら身に着けるのは稀だ。宝飾品を着けたり外したりするマメさがなくなるし、着けているとなんか疲れるからだ。これからの方は、まだリメイクして着けて楽しいうちに、遺品も弔い合戦も、愉しんだほうがいい。

アラカンのいま、たくさんは食べられないから、食事に行くのすら億劫なのだ。もし、すでにお年を召されていて、コース料理などは無理、という方は、単品で注文するか、ランチで会食をおすすめする。

お昼ならまだ、寝るまでに消化の時間を確保できる。夕飯を少なめにすれば翌日に響くこともないだろう。それすらままならない場合は、家で普通の食事や晩酌の際、故人の遺影をテーブルに飾るだけでもいい。

せめてもの花も、私は信濃屋のレジ横で買った。三百円で、きれいな大きいピンクの薔薇が売られていた。麦穂とグリーンがついて、母にぴったりの花束だった。それを、親友にもらった赤い切子の花器にさし、遺影にお供えした。気は心だ。これだけでも、供養にはなるだろう。

法事は一周忌まで

敬虔な仏教徒で、とか、大きなおうちでやらざるを得ない、という場合は何回忌でもやらねばならないだろうが、そうでもない場合、一周忌で弔い上げ、という家が多いと聞く。

現実問題として、故人のことばかり考えて生活するわけにもいかないからだ。毎日は過酷で、忙しい。私たちができる供養は、自分自身を構成する遺伝子を大切にし、その肉体を管理、出来る限り健康に、幸せに生きることだ。

大切な人を亡くしたからといって、悲しみに暮れている暇はない。悲しみは、体にもこたえる。悲しいとき、辛いときはますます、美味しいものをちょこっと食べて、自分を幸せにする努力をやめないことだ。

悲しいからって、生活が荒れ、ちゃんとしたものも食べず、心身の具合が悪くなってしまったら、故人も心配だろう。おちおち眠ってもいられない。極楽浄土に行ってもらうには、現世での心配事をなくしてあげるのが一番だ。

残された者が元気で生きる。それがなによりの供養なのだ。

まだまだ出てくる母の遺品

一周忌のお墓参りの際、佐藤先生が母の置き土産を持って来てくれた。母は草木染が好きで、長年趣味にしていた。

「お母さんは秋田に来てから、山で草木を摘んできては、いろいろ試してたんだよ」

遺品の中から、母の染めたスカーフやハンカチが山ほど出てきて、それを読書会の人たちがアイロンをかけ、袋に詰めてくれたのだ。

「これはヤシャブシの実、これは月見草だね」

一周忌の法要

㊢豆知識

故人が亡くなってから満一年目に行われる一周忌は、年忌法要の中でも重要とされています。準備は四十九日法要とほぼ同じ（位牌の手配はなし）。ただ、昨今は故人の希望や親戚が少ない等家族関係の変化、高齢化による負担増等から、行わないケースが増えています。

「へえ、月見草が、こんな微妙なグレイになるんだ」

私はその、ニュアンスグレイのショールをもらった。シルクのショールにはペイズリーのすかし模様が入っていて、とても素敵だった。

第5章

めくるめく遺品整理

手放しづらい着物

和ダンス三竿のうち一つは私の嫁入り道具だが、ダサいので若い頃の着物入りで、母が移住するとき秋田に送ってしまっていた。私の手元にあるのは母が作ってくれた喪服と、お茶のお稽古に着るものだけだった。

しかし、管理してくれる母が亡くなった。

「着物の管理は私が任されてるから」

と従姉の千津子姉さんが言っているようだから、二竿は着物入りで山梨に送ってもらった。

紬こそ取っておけ！

その前に、お世話になった現地のおばさま方に、年配の女性にこそ映える紬の着物を見繕って、帯と合わせて差し上げた。が、私は今年還暦を迎えた。

「しまった、とっときゃ良かった」

地団太を踏んだ。紬は高価で、なかなか自分では買える品物ではない。が、当時四十二歳の私はまだ若かったから、母の地味な紬なんていらないと思っていた。娘が大きくなったら着るかもしれないと、自分の若い頃の着物ばかり選んで東京に送り、あれから十八年保管しているが、娘は興味を示さない。

さらに、母の死後私のところにローンの残金催促が来た最後のお買い物、作家ものの着物と帯、長羽織は、口惜しいのでいただいておいた。しかし、これらも仰々しいのであまり登場するシーンがない。

母が私の結婚式の際誂えた、プラチナ糸刺繍入りの留袖は、仕立て直して義弟の結婚式、娘の七五三、そして「日本大人女子協会」の公式大人女子会でも着た。

仕立て直しはしないでいい

しかし、いいものだけに仕立て直し代が十万円もかかった。

そして、いまとなってはサイズを小さくしなくても良かったかもしれないと思う。年とともに貫禄がつき、いまや母の着物も大きくないのだ。母は大柄だったが、私だって身長が低いぶんは、厚みでカバーできる（自慢してどうする？）。

なので、これからの人はぜひ、いまは似合わないかもしれない渋い着物こそ取っておいてほしい。特に紬は、なかなか買えるものではないから。

家紋の入った着物は他人様に譲れないので、私が引き取った。母が自分の四十九日に着てほしいと友達に言っていた家紋入りの色喪服は、私が母の納骨式に着た。草木染の裾に墨が流してある粋な着物で、帯には「偲ぶ」と書いてある。ドラマティックだ。しかし、あれ以来着る機会はない。

傷んだ着物、帯、どうする?

母も年を取っていたため、実は着物の管理などできていなかった。きれいに取ってあったのは高価な新しい着物だけで、多くはシミが付いたまましまわれていて、黴臭かった。

和ダンスだけでなく母の衣装ケースには、まだまだ山のように着物や帯、和装小物があった。

母の死後、佐藤先生から次々に段ボールで送られてきたそれらを、私は半年かけて、事務所にて仕分けして風を通し(家には猫と小さい子どもがいるからムリ）、クリーニングが必要なものはして、いらないものは静岡の夫の実家に送った。

義母の友達が古い和服や帯でインテリア小物を作っているというから、使ってもらったのだ。リサイクル着物屋さんにも見に来てもらったが、全部でたった三千円と言われたので、売るのをやめた。まだ知り合いに楽しんでもらったほうがいい。母も浮かばれるというものだ。

着物は着る人にまわせ

着物は、買ったときは高額だが、売るときは二束三文。少しでもお金にしようと思ったら、フリマアプリなどで売る手もあるが、発送も取引も面倒なので、近くにいる人に差し上げるのが一番だ。

毎月、お茶のお稽古で着物を着る私ですら、必要な着物は限られている。「いやぁ、これはとっておいても着ないだろうな」という着物は、着る人に差し上げることにしている。最近着付けを習い始めて、これから着物生活を始める、というような友人に。

遺品整理の手順　　喪 豆知識

残す物の数や量を決めてから、３つのステップで進めましょう。

①スケジュールを立てる

②仕分ける：思い出の品、貴重品等残すもの、手放すものの３つに分ける

③手放すものを業者に引き渡す、処分する、譲渡する、のいずれかに分ける

私もお茶の師匠の若い頃の着物などいただくが、アラカンなので、いまは娘にお仕着せている。こうやって着物は循環するので、減ることはない。ただ管理は大変だ。どこに何がしまわれているのかも、ときどき出し入れしないと最早忘れてしまうし、帯や着物自体重いので、これからはもっと大変な作業になるだろう。気力、体力あるうちに、着物の整理、しておいたほうがいい。

ジュエリーこそ必要なものだけを

母の死後、従姉の千津子姉さんにはご希望のものをすべてあげたが、黒真珠のネックレスは取っておけばよかったかなと、アラカンのいま、思う。

というのも、葬儀参列がますます増える年代に突入し、先日は友人が知人の通夜に参列。ロータスにて「ベリーダンス健康法」のあと、喪服に着替えた。

「駆け付け通夜っていって、お通夜は黒ならどんな服装でもいいっていうけど、一応ね……」

と言って、本真珠のネックレスも着けていた。

「これは私が嫁ぐとき父が持たせてくれたものだけど、本式は黒真珠なんだって」

「え、そうなんだ。黒真珠のネックレスなんていらないからあげちゃったよ」

「それはもったいないことをした」

黒真珠、私もハワイでタヒチアンパールを買ったが、一粒でもお高いのだ。あー、とっときゃ良かった（笑）。

鑑定書を見てから選別を

親の宝飾品は玉石混交。特に高齢者は、軽くて疲れないようデザインされた、本物のジュエリーを持っていたりするから要注意だ。私もうっかり、エメラルド三連ネックレスを親友にあげてしまった。

メレダイアぐらいの小粒で軽く、留め金がメッキでいかにもフェイクジュエリーな感じだった。が、あとから鑑定書が出てきて天然石であることが発覚。腰が抜けた。

でも、こういうものは似合う人がしたほうがいい。母も親友も色白で大柄だから、エメラルドグリーンが良く似合うのだ。

ローン返済の残金

年金生活者でありながら、最後までお買い物を楽しんだ母。三十六回払いのローン残金請求書は、死後、すぐ私のところに送られてきた。着物もジュエリーも、懇意の呉服屋さんで買ったものらしかった。

こういう親の借金は、未使用のものは返品すれば返さなくてもいいらしいが、それでは母が浮かばれないだろうと、合計百五十八万円のローンは完済した。買ったばかりでまだしつけのとっていない着物、帯、羽織、新品のジュエリーは、口惜しいので私がもらった。

大粒の真珠のネックレスは、しばらく遺影にかけておいてあげた。一度も着けられなくて残念だったろうから。イタリアの職人に作らせたというカメオのブレスレットは、どこか素敵なところにお出かけするたんび、着けて行った。裏には「ラブ　エテルノ　サチコ」と彫らせてある。永遠に、愛す。サチコ。

「は〜」

私はうなだれた。

「このブレスレットはお母さまが、二人のお嬢さんとお孫さんにひとつひとつお分けになるつもりで作らせたものです」

と呉服屋さんの手紙にあった。でも、支払いをしたのは私なので、私がもらっておいた。三つのカメオがつながってブレスレットになっているものを、ばらし

故人のローン

豆知識

故人のローンが残っていた場合は、相続人に支払い義務が発生します。相続したくない場合は放棄することが可能ですが、相続の開始があったことを知ったときから３か月以内と期限が決まっています。難しい場合は、裁判所に期限延長の申し立てが可能です。

てペンダントなりに作り変えるのも、またお金がかかるから、それはなしだ。

ジュエリーはリメイクで愉しむ

新しいものはともかく、古い宝飾品はもらっても現代のライフスタイルに合わない。私は母の縦爪のダイヤモンドリング（婚約指輪）大粒ひとつを中心に、自分のプチダイヤ二個を両脇に置き、カジュアルリングにリメイクした。縦爪はニットにもひっかかるから、プラチナリングに埋め込む形にしたのだ。

こういうリメイク屋さんは街のいたるところにある。私は自由が丘デパートのリメイク屋さんでやってもらった。お直し代はたいしたことなかった。地金も買い取ってくれるから、それで支払えたぐらいの金額だ。

遺品といっても、ただ取っておいてもしょうがないから、リメイクして普段使いで楽しんだほうがいい。そのほうが故人も喜ぶだろう。

思い出としてとってあるのは、父との結婚指輪と、琥珀のカフスボタン、琥珀の帯留めと、珊瑚の羽織留め、そして特大水晶の指輪である。山梨は水晶の産地だから、おばさま方は持っているのである。

母は着物を着るときに着けていたような気がするが、さすがにオバ趣味なので
リメイクしようとしたら、リメイク屋さんのおじさんに、
「これはとっといてあげなよ」
と窘《たしな》められた。結局、ジュエリーボックスの肥やしと化している。

洋服や靴は「いる」「いらない」を明確に

母はおしゃれだったから、おびただしい量の洋服、靴、バッグも残した。それも、秋田にいる間にあらかた仕分けなければならなかった。

「カシミヤのコートは、私が美和（私の姉）のために管理することになってるから」

と従姉の千津子姉さんが言うので、着物と一緒に送った。

「美和にとっては一生ものだから」

と言うが、洋服に興味がない姉が、カシミヤのコートを着るとは思えなかった。まあ、千津子姉さんは母と半分一緒に育った、いわば姉妹みたいなものだから、着てくれるなら供養になる。

宝飾品や着物、高価な衣類などは死後、親戚縁者で取り合いになるという話をよく聞く。おばあちゃんと一番仲が良く、老後の面倒を見ていた友人が言っていた。

「母はなんにもしなかったのに、宝石だけ持って行った」

と。その代わり、彼女は遺言で大きな土地を相続した。土地の半分は相続税で持っていかれたものの、残り半分に豪邸を建てて住んでいる。これも親族から喧々囂々と非難されたらしいが、それぐらいのお世話はしていたのだ。

「施設に預けてからも、毎日面会に行ってました」

と語る彼女は、遺産が目的だったわけではなく、本心からお世話していた。ホントはこういう人が、遺品も身に着けるべきだと思う。

姉には母が最後に上京した際に着ていた、軽くてあたたかそうなハーフコートをあげた。まだ新しいし、カジュアルだから姉にも着られるだろう。私は母が半纏代わりによく羽織っていた、ハレルヤのカーディガンをもらった。着やすいようにわざわざ裏をつけさせたカシミヤの十万円カーディガンだ。

私も杉並の家にいた頃よく貸してもらっていたから、思い出としてとっておきたかったのだが、結局、猫の毛がつくし爪がひっかかるので、姉にあげてしまった。ノスタルジーと現実は、残念ながら違うのだ。

場所を取る靴やバッグ

靴やバッグなどの革製品は、手入れが悪いと使い物にはならないことが多い。母のものもほぼ捨てることになった。靴はサイズが同じ姉が履けそうなものだけを選んで、姉のところに送った。

靴は、どんなブランドものでも新品同様でも、保存が良くても古くなると劣化する。それに比べて草履は、何十年たっても古くならず、修理すれば使えるので、サイズさえ合えばいただいておこう。

残念なことに母の草履は大きくて私には履けないが、自分の若い頃の草履を、いまだに履いている。修理できる職人さんも減っているが、修理代自体は安いもので、何万円とする草履を買うより、ずっとリーズナブルである。

靴は、「喪服をどうする?」の項でも書いたが、いいもので保存状態が良くても、年を取ると痛くて履けなくなる。年齢的に柔らかい、痛くない靴しか履けなくなるからだ。革製品は、何年かたつと硬くなるのでなおさらだ。ここはもったいないと思わず、潔く処分したほうがいい。なんせ、靴は場所を取る。

革のバッグもまた、場所を取る。

母が最後に作らせた、オストリッチ一匹分をいろいろな革製品にして水色に染めさせたものも、ケリー型は親友にあげた。こんな大きくて重いバッグ、親友しか持てないし、似合わないからだ。

ポシェットは姪に、長財布は伯母に。私は名刺入れだけもらった。その名刺入れは、いま娘が使っている。インターンが始まり、名刺をもらう機会が増えたからだ。

広い家に住んでいて、保管場所がたくさんあるような人はともかく、使わなくなったバッグも処分したほうがいい。私は気に入ったバッグをヘビロテで使って、買い替えるときに捨てている。

こういうことができる人は遺族に迷惑もかけないのだが、母のように、新しいものも買うし、古いものも捨てない場合、遺品整理が大変だ。私は、ほとんど捨ててしまった。古くなった革のバッグは黴臭かったし、私も姉も使いそうになかったからだ。

残された化粧品どうする?!

未使用ならともかく、ちょっとだけでも使ってあったら、化粧品は肉親が責任をもって使うか処分するしかない。母は化粧品も山ほど残した。私もいけないのだが、母が余命宣告されてから、最後のコスメと思って、エスティローダーのハンドクリームなど贈ってしまっていた。

それに、母がマジックで「保湿クリーム」と書いていた。もしかしたら、顔に塗っていたのかもしれない。

「あんたのくれる化粧品は、英語ばかりで何だかわからない」

とよく文句を言っていたが、アラカンのいま、わかる。おしゃれな化粧品は、字が小さくて読めないのだ。私も試供品でもらったおしゃれ化粧品は、マジックでクレンジング、アイクリームと書いてある。確認するときは老眼鏡をかけるが、顔に塗るときは眼鏡もかけられない。

化粧品は、姉が使えそうなものを母のポーチにぎゅうぎゅう詰めて、持たせた。

「あんたったら、こんなものまで……」

と姉は呆れたが、捨てるのももったいないし、肉親が使ってあげたほうが供養になる。私は、母が「保湿クリーム」と書いたハンドクリームを持ち帰った。もうこの筆跡がなくなると思うと、使い切るまでは見ていたかった。

処分に困る家具と調度品

母は民芸が好きだったので、鎌倉彫の器や工芸品、一本の木から彫り出した重いコーヒーテーブルなど、いろんなものが残された。それらは杉並の家から秋田に移住する際に送って、最期まで使ったのだ。

「これはどうする？　あれはどうする？」

と、佐藤先生から確認の嵐だったが、

「すべて先生が使ってやってください」

と言った。母が亡くなったからといって、それまで生活していた風景が変わるのは、喪失感がさらに増すばかりだろう。だいたい、木彫りの重いコーヒーテーブルなんか、どこに置くというのだろうか。

業者を上手に利用する

親の家を片づける際、クラシックな調度品がわんさか出てきて、困る大人女子が多い。金持ちになればなるほどその量は多く、遺品としてもらうとしても、都会の狭いマンション暮らしだと、飾れるものもたかが知れてる。

イントゥイティブカウンセラーの村山さんは、夫君が他界して山の家を処分する際、一部屋ぶんあったお母様の調度品を、破格の値段で骨董品屋さんに売り払った。一部屋いくらという値段だ。

その一つ一つをおしゃれに撮影し、ネット上で結構なお値段で売りさばく業者らしいが、それをする気力があれば、遺族がやってもいいかもしれない。村山さんは面倒で、できなかった。自分の家に置ける、わずかな調度品だけ残して、あとは業者に持っていってもらった。

二束三文だったとしても、片づけてくれるだけでありがたいではないか。遺品整理は、数が多くなればなるほど大変だ。

私の場合、母の荷物は移住する際ほとんど秋田に送っていたので、佐藤先生は母の荷物置き場の小屋を、別途敷地内に建てたと言っていた。

「僕が死んだあとは、こっちにいる甥っ子に任せてあるんだ。理香さんの必要なものは、生きてるうちなら送るから言って」

家具を処分する方法　喪 豆知識

①リサイクルショップで買い取ってもらう　②自治体に粗大ごみとして出す　③フリマアプリやネットオークション等で販売する　④遺品の整理業者、もしくは不用品回収業者に依頼する　の４つが考えられます。いずれにせよ、ご自身にとって負担が少ない方法で。

私は母の残したものには興味がなかったが、塗りのお重だけは、お正月に必要だろうからと、佐藤先生がホームに入る前、送ってくれた。

第6章

実家の片づけ、そしていつかは墓じまい

できれば元気なうちにお片づけ

親が高齢になったら、実家の片づけを手伝うことをおすすめする。私の周りの大人女子たちも、実家の片づけに通っている。嫁として、夫の実家の片づけに通っている女子もいる。

「お義父さんが亡くなって、いまはお義母さん一人なんですけど、夫の部屋もかつてのまま残っているので、まずはそこから片づけています」

高齢者の様子を見ながら、いずれ来る日のことを考えつつ、片づけておくほうがいい。ホームに入ってから、亡くなってからでは負担が大きい。手伝えば思い出を紡ぎながら、親と一緒に取捨選択できる。

「夫のアルバムを一緒に見てたら、一日終わっちゃったんです」

という日もあるだろう。が、そうやっておつきあいネタを見つけるのも、高齢者を元気づけるのによい。

心情的に片づけられない場合

東京住まいで、神戸の実家に月二回通っている大人女子もいる。父親が他界し、母親が一人で住んでいるから、たびたび電話をしたり、月二回は行かねばならない。

「認知症が進んでいるので、病院の付き添いもあるんです。私がドクターの話を聞いておかねばならないので」

実家に滞在する際には、母親がふだんできない、日常の片づけもしている。しかし「家じまい」という意味では、片づけていないという。

「実家は母の領域なので、私が手を出すことは心情的にできないんです。今後施設に入ったとしても、お正月やなんかに帰ってくる家だし、『片づけは死んでから、業者に頼んで』と母にも言われているので」

彼女のご友人で、夫の実家を片づけて貸し出している人がいるという。

「家は空けると傷むからといって、お義母さんが施設に入居した途端に全部片づけちゃったんです。でもこれは、実母じゃないからできたんじゃないかな。私は、夫の実家も、夫の気持ちを考えると片づけられない」

親との片づけ　喪 豆知識

生前整理では、親と喧嘩になるという話もしばしば耳にします。「親が納得して片づけられる」と「捨てる判断は親にゆだねる」を軸に進めてはどうでしょうか。また、親には片づけられない理由があることも。親の考えや思いに寄り添って進めましょう。

母親も、一度は片づけ始めたものの、思い出のあるものは捨てられず、そのままになっているという。

「人によると思いますが、亡くなったあとのことを考えて親の家を片づけられる人は、あまりいないんじゃないかな。そもそも介護で手いっぱいですし」

彼女は仕事しながらのお世話だから、大忙しだ。母親は自活してくれているので、介護はしないで済んではいるが、「家じまい」という意味では物理的にも無理だろう。しかし、時間的に余裕がある専業主婦ならば、ちょこちょこお片づけをするのは可能なのではないだろうか。

大人女子の出かける言い訳に

コロナ禍で自粛生活慣れしたため、高齢でもないのに出かけない大人女子が増えた。また、夫がリモートワークとなり、コロナ禍が明けても週の半分ぐらいしか出社しないこともある。

となると、主婦は出づらい。さらに、夫が退職して一日中家にいるようになった場合、それまで気分転換に日中方々に出かけていた主婦たちも、すっかり家に軟禁状態になってしまう。

そんな大人女子たちの出かける言い訳になるのが、親の家の片づけだ。残されて一人暮らしの親ならばなおさら、様子見がてら片づけに行ってくる、というのは、いい言い訳になるし、長時間、家から離れられる。

私の友人は高齢出産で産んだ子どもが小さいとき、よく実家に通っていた。高齢になった親の様子見がてら、孫の相手もしてもらえるので、いい気分転換になったのだ。

遺品になる前に

私のように、親に告知してなかったために準備することもできず、亡くなってから慌てて形見分けをした場合、

「あー、取っときゃよかった」

という失敗もある。だから、元気でいてくれる親と一緒にお片づけをするのは、親に形見をもらういい機会になる。会いに来てくれて、一緒に思い出を語りながらアクセサリーや着物を出して見たら、それがどういうものかもわかるし、

「これはあんたにあげるよ。これは○○に」

という展開にもなるだろう。着物なんかは開いて畳みなおすだけでも、風が通る。虫干しできないまでも、保存していく上では大切な作業だ。

私は自分自身のアクセサリーも、すでに少しずつ娘にあげている。年とともに金属アレルギーがひどくなり、ネックレスは着けられないから、娘が二十歳になってから少しずつ、譲り渡しているのだ。

家じまい、遺品整理を業者に頼む

都会暮らしでもともと物が少なかったり、お片づけが得意な親だったりすればいいが、ゴミ屋敷の住人だった場合、どうしたらいいか。これは親に限らず連れ合いが「捨てられない症候群」の場合もある。

収集癖があったり、経済的な不安から古くなったものも捨てられなかったりする人は、精神的なヘルプが必要だが、問題が深すぎるため、ほうっておくことになるケースがほとんどだ。すると、家はいらないもので埋まり、ゴミ屋敷と化す。

生きている間にも、山積したモノに積もったホコリで健康被害があるし、足の踏み場もない居住空間では精神的健康も保てない。捨てられない人は、コンテナルームを借りてまで必要のないモノを取っておくようだ。となると、生きれば生きるほど、経済的負担も大きくなる。

私の講座でこの悩みについて聞いていたとき、私が家のことで困ったことがあると何でも頼んでいるモノツクリさんに連絡を取った。いつも目黒区中心にお仕事されている方だが、交通費を払えば他県にも飛んでくれる。

古屋の管理や片づけも請け負っているので、下見をしに行ってもらったのだ。見積を出してもらえば、業者に頼めるかどうかも検討できる。ところが、

「モノが多いのと、捨てる捨てないの分別ができておらず、概算もできない状況でした」

との報告。やはり、業者に頼むにしても、捨てる捨てないの分別はしないとNGなのだ。となると、やはり気力、体力のあるうちにやっておかないと、今後ますます、手が付けられない状態になってしまう。

そのまま頼める遺品整理

ネットで調べると、手が付けられない状態の家を残された場合、そのまま頼める遺品整理業者というのもたくさん出てくる。ゴミかどうかの分別もしてくれ、価値あるものは買い取って、料金から引いてくれるようだ。

故人がゴミ屋敷の住人だった場合、ほとんど捨ててもいいようなものだと思う

から、それをすでに自分も高齢者である遺族が処理するのは大変だろう。ここはお金を使って、業者に頼んだほうがいい。

前出のモノツクリさんは、空き家の管理も請け負っている。

「一か月に一度の訪問で、税込み八千八百円です。室内チェック、窓を開けて通風などし、画像を撮ってメールでお送りします」

雨漏りなど問題がある箇所は修理も頼めるので、業者に頼んでおくと安心だ。

実家じまいを業者に頼む場合

ちなみに、実家一軒の片づけをモノツクリさんに頼む場合、おいくらぐらいかかるか聞いてみた。

「量と捨てるモノによって、費用はかなり開きがあります。トラック何台使うかでも変わってきますので」

家の大きさにもよるが、五万円から八十万円ぐらいの開きがあるそうだ。これが解体となると、費用は何百万単位となるらしい。

「木造なのか、鉄筋なのか、平屋か二階建てかでも違ってきますし、あとは立地

不用品回収業者と遺品整理業者の違い

喪 豆知識

前者は不用品回収のみ、後者は仕分けや片づけ、買い取り、搬出、不用品回収すべてを行います。業者を選ぶ際は①遺品整理士が在籍しているか確認　②料金体系を公開しているか確認　③見積もりは複数とる　この３つを意識して、ホームページなどでチェックしてください。

条件などですね。トラックが入れる場所に建ってるかどうかなど」

ドラマ「星降る夜に」でも韓ドラ「ムーブ・トゥ・ヘブン」でも遺品整理人がヒーローだったが、自分が頼むとなった場合、やはり心ある人に整理してほしいと思うのが人情だ。たとえそれがお金を支払ってしてもらう業者だったとしても。

私はモノツクリさんに頼むと、遺言に書いておこうと思う。

業者に頼みたいけどお金もかかるし……という場合、一番いいのは気力・体力のあるうちに自分で片づけることだ。

段階を経て片づけられる「引越し」

我が家の場合、山梨の大きな家から東京の小さな家に引っ越したので、そこでだいぶモノが減った。処分せざるを得なかったので、ほとんどのモノは捨てた。

一番荷物になったのは、父の作品だ。画家だった父はアトリエを持っており、最後は百号の大作を描いていたから、家を売るとなったらそれらも処分せねばならぬ。そこまで大きな作品となると飾るところも普通の家にはないから、差し上げることもできない。

幸い、母の知り合いで茨城にレストランチェーンを持つ方がいたので、買い取って飾ってくれた。私はこれだけは取っておきたいという父の若い頃の作品を二枚だけもらい、のちに額装してロータスに飾ってある。

杉並の家から母が秋田に移住する際、また荷物が減った。母のものは全部秋田に送ってしまったので、佐藤先生の死後、遺品整理を任された甥っ子さんは大変だっただろう。

杉並の家を売り渋谷のマンションに引っ越したとき、また荷物を大々的に減らした。いらないものは粗大ごみに出し、何か月かかったろうか。あの頃はまだ三十代前半。気力も体力もあったから、へでもなかったが。

十五年前、渋谷のマンションから世田谷に引っ越すときは大変だった。二つ借りていた私と夫の仕事部屋を引き払い、一軒家に越したから、荷物の処分にまた三か月ほどかかった。

この時はすでに四十代。小さい子どももいた。梱包と開梱を手伝ってくれる人を二人雇って、なんとか引越しを終えたが、ゲッソリおやつれが入った。これからのことを考えると、モノはできるだけ減らしたほうがいいのである。

死後、勃発する実家問題

まだ片親が残っているときはいいが、両親が他界すると、「実家じまい」という難問が出てくる。これは「空き家」という社会問題にもなっていて、相続税法を改正しない限り、問題は大きくなるばかりだ。

一軒の家を解体、整備するには、大きさにもよるがだいたい二百万円から五百万円かかるといわれ、そのお金がなかったら、ほうっておくことになってしまう。私の住む世田谷区にも、こういう古家が目立つ。何年も住んでいない感じで、木々が生い茂っている。

大きな土地を所有している場合、相続税がかなりかかるというし、三代で家がつぶれるというのは、あながち間違ってもいないようだ。寄付という形で行政にお任せするという制度があるようだが手続きが大変らしく、これまた親族で喧々囂々となりそうだし、気が重い問題だろう。

空き家の管理は孫に

私の講座の生徒さんは、調布市の祖父母の家を、祖父母が老人ホームに入ってから亡くなるまで十五年間管理していたという。竹藪に囲まれた大きな家で、お掃除と庭の草抜きが主な仕事。そして毎年タケノコの時期になると、タケノコがにょきにょき生えてきて、ありがたさを超え、苦でしかなかったと。

当然、親はすでにその世話をする気力、体力はなく、孫がすることになった。彼女は子育てをしながら「お勤め」に出ていたわけで、お手当はいただいていたという。タダでできる仕事量ではなかったし、生前贈与として配当金をもらっていたのだ。財産がある家は、亡くなる前から対策を練ったほうがいい。

「子育てが終わったら、今度は親育てが始まりました」

同居する母親が九十代で足が悪くなり、介助を必要とするようになった。九時五時でデイケアに行ってくれる日は自由時間があるが、頭がしっかりしているので、あまり行きたがらないのだという。

「行っても工作や手芸ばかりやらされてるから、部屋がその作品の展示場みたいになってるんです。子どもの工作が終わったと思ったら、今度は親のですよ」

実家じまい、はじめの一歩　喪豆知識

親が元気なうちに、実家の不動産における権利関係の確認と、親の意向を確かめておきましょう。ただし、実家の建て替えができない場合もあるので要注意。権利関係は登記簿謄本の確認を、また道路や水道管・下水管については役所への確認が必要です。

親の、そして自分の介護問題

親が高齢で、祖父母の面倒が見られないから孫が看る、という話も聞く。気力、体力は年々目減りするから、うまいタイミングで手の空いた孫が同居したりすると都合がいい。老々介護は厳しいから、孫の手を借りるのが得策だ。

前出の彼女は、大学院を卒業した息子が司法試験を受けるという段階でまだ家にいるから、彼女が留守をするときは任せられるのだという。

私は両親が他界しているのでこういう問題はないが、自分のときになったら、渋谷のマンションを売って、さっさと有料老人ホームに入ることにしている。娘にも、夫に介護が必要になったらいまの家を売り、有料老人ホームにと伝えている。あとは自力で生きろということだ。

教育以外、なんにも残さないで死ぬほうがいい。人間の生命力を信じる意味でも。

高齢者マンションという手

ロータスのメンバーの一人は、親の介護をするため子育てが終わったら奈良の実家に帰ろうと思っていた。が、それよりも前に、親が実家を売り、高齢者マンションに移ってしまったんだとか。

「父が脳梗塞で二回運ばれ、母は老人だけで暮らす自信がなくなっちゃったみたいなんです。おっつけ安倍さんの襲撃事件が近所で起こって。二十四時間見守りつきマンションに引っ越しちゃいました」

この英断はありがたい限りではないか。

彼女には過疎地にある夫の実家をどうするか問題が残っていて、東京に住む自分たち夫婦は墓じまいも考えているという。

実家じまいはひとつの終活

高齢化社会で全国の空き家は過去二十年で倍増、このままでは二〇三〇年には四百七十万戸に増える見込みだという。

空き家問題はテレビでもたびたび取りざたされており、スズメバチの発生や泥棒被害が問題らしい。父親が亡くなり、母親が長期入院で空き家になった実家に泥棒が入り、金品を取られたオジサンは、

「母親が大切にしていたアクセサリーが全部盗まれていて……」

とガッカリしておられた。やはり、空き家になった時点で金目のものは子どもが自宅で管理してあげたほうが無難だ。

過疎化する地域では、空いている駐車場を近所の人が利用したり、郵便物を保管するなど、空き家に見えない工夫をしているようだが、それだけでは間に合わない問題が今後ますます出てくるだろう。

京都では二〇二三年の三月から、「空き家税」なるもの（非居住住宅利活用促

進税のこと）を導入した。固定資産税に加え、一・五倍もの空き家税を支払わねばならない。

他の都道府県も今後「空き家税」を導入するか、固定資産税自体を増税する方向で進めているらしい。その額、いまの四倍!!

空き家の利活用を促すためだというが、「ただ、税金を増やしたいだけなんでは？」と思ってしまう。不況、物価高に加え、さらなる増税って、庶民は首をくくらねばならない。

実際問題、固定資産税が四倍にもなれば、実家じまいをしないことには立ち行かなくなってしまうだろう。リノベーションして何かの施設として再利用できるような素敵な家ならまだしも、たいがいは手放す方向しか選択肢はない。

思い出深い実家だからこそ、つぶすよりとっておきたい気持ちはあるだろうが。

我が母も、山梨の実家が潰される前には、最後に見たいと私を連れていった。中庭に物置があったのだが、そこに祖母が使っていた食器が残されていた。それを思い出にもらって帰った。

喪 豆知識

家の解体にかかる費用と日数

30坪の一軒家を解体するには、木造住宅なら90～150万円、RC造や鉄骨造なら200万円前後が目安です（建物の構造や広さ、地域等によって異なる）。期間は10日から2週間程度。建物を解体して土地だけ売却をと考えがちですが、建物を残したまま売却できるケースもあるため、不動産業者に相談を。

更地になる実家

母の実家は甥っ子が継いでいたが、生まれ育った家が潰され、更地になっちゃったといって嘆いていた。山の上にある父の実家も、何年か前、従姉に連れて行ってもらったら、更地になっていた。

過疎化する村だから、更地にしたところで売れはしないが、古家をそのまま置き去りにするわけにもいかないのだろう。

私も二歳ぐらいまでこの山の家で育った。その後も従妹たちと遊びに行ったから、この家の記憶はいろいろある。空き家になってからも子どもたちのいい遊び場になっていたのだ。

タイルづくりの昔のお風呂や、庭の石階段、厩のどっぽん便所も懐かしい。あれこそ、コンポストではないか（笑）。裏庭では茗荷、庭ではイチジクが採れた。

いまでは山の下草を刈る村民がいないから、木の実が育たず、クマが餌を求めて降りてきてしまうのだという。となると危ないので、住んでいる人はほとんどいない。私が小さい頃はお祭りもある小さな村だった。

更地になった父の実家を見て、一抹の寂しさは感じたが、住む人たちが次々と他界して、過疎化するのは仕方のないことだ。人は永遠には生きられない。今後、空き家税、固定資産税の増税が実施されれば、実家こそ手放さざるを得なくなる。

人生はうたかたの夢

考えてみれば、家も肉体もすべて借りものだから、死んだらお返しするのが筋だ。我々人類は地球の産物だから、地球にお返しするのだ。

死んでからも所有したい、子々孫々に残したいと考えるのは人間のエゴ。しかし、家をつぶして更地にするには莫大なお金がかかるとなると、放置せざるを得ない事情もあるだろう。

この辺は、個人の力ではどうにもならないので、行政が動くしかないのではないだろうか。空き家税や固定資産税でさらにお金を取るより、国に返還してもらって再利用するほうがいい。

ずっとあると思っていた、実家への執着。

私もたびたび、売ってしまった山梨の家や、杉並の家の夢を見ていた。が、母が亡くなってから、次第に見なくなった。夢の中ではそこに母は住んでいるのだが、目が覚めると、もういないことを確認する。その繰り返しで、いつしか夢も見なくなった。

　気力、体力のあるうちに、実家じまいを進めてみてはいかがだろうか。そして自分自身は何も残さない方向へ。あれもこれもいろいろあったけど、すべてはうたかたの夢なのだ。

納骨しないという考え方

実家の片づけも大変だが、それ以上に悩ましいのがお墓の問題だ。無宗教の場合、そもそもお墓を持たず、自宅に安置しておく人もいる。

友人Sのお母様は、Sが大学時代に病死した。そのお骨を、お父様はずっとそばに置いていたという。お父様のお骨も、まだ家に祀ってある。一周忌は親族と友人と社員とで、自宅で法事代わりのお茶会をした。

「父のお骨をそろそろどうにかしなきゃなって思ってたら、昔見た夢を思い出したんです。夢の中で、母がお豆をコトコト煮てるんですよ。父が母のお骨をずっと家に置いてるけど、どうしよう?って尋ねると、気長に待ってるから、いまはそれでいいよって」

お父様はお母様の遺骨と混ぜて散骨することを希望していたから、海洋散骨を考えていたが、その夢を思い出し、やはり土に埋めてあげるのがいいと思った。

「見える方に見てもらったら、母は故郷に帰りたがってるんですって。父は、お母さんと一緒ならどこでもいいと」

父の遺骨を、母の遺骨と一緒に母の故郷の土に返すことにしたS。樹木葬を考えているという。

弔い方は人それぞれでいい

この本の編集者Yのお父様のお骨も、まだ埋葬しないで自宅に祀ってあるという。墓地は買ってあるのだが、不便な場所で、いずれ墓じまいの可能性もある。そのため、墓は建てずに寺に返そうかなと、お母様が考えているという。

ロータスメンバーの一人は、死んだら夫の実家の墓には入りたくないので、ダイヤモンドにして娘二人に身に着けてほしいと話している。ネットで見てみたら、一個だと五十万円ぐらい、二個だと八十万円ぐらいだから、お墓を建立するよりは安価だ。

考えてみれば、亡くなったら当然お墓に埋葬する、そして命日や彼岸、お盆には墓参りするというのも、仏教が伝来してからの慣習だ（五三八年）。六四六年に薄葬令が制定され、決まった墓地に埋葬しなくてはならなくなった。

うちの父方の墓は山の上にあり、私の小さい頃までは土葬だった。記憶の片隅に、お棺をオジサンたちが運び、雨の日で坂道が滑って、もし転んだら死体が出てきそうな怖さがあった。

確か大伯母さんの葬式だった。遺体を埋葬し、山盛りになった土を見て母が、

「この土がへこんだら、成仏したって証拠なんだよ」

と言ったのを覚えている。

先祖代々の墓を移築したときは、こういったお骨たちを掘り起こしたわけで、伯母も大変な散財をしたことだろう。が、過疎化した山の上だ。お墓参りに行けなかったら、もうそのまんまでもよかったのではないか？

骨は残っているかもしれないが、故人はそこにはいないのだから。

亡くなっても家族はそばにいる

母が亡くなったあと、ベリーダンスの師匠（ギリシャ系アメリカ人）に、

「スピリット・イン・ジ・エアー（魂はそこにいるよ）」

広がる手元供養

喪 豆知識

遺骨を納骨せず自宅に置いておく「手元供養」は増えており、法律的にも問題ありません。ただ、遺骨はいずれ埋葬、もしくは散骨をする必要があります。そのため、将来的にどうするのかご家族とよく話し合って決めておくといいでしょう。

と言われ、なんかひどい、と思った。が、実際そうなのである。

母はいまだに、私のそばにちょいちょい顔を出す。だから、残された者が故人に心配かけないよう、明るく楽しく生きるのがなによりの供養なのだ。

墓じまいという選択

私のまわりの大人女子たちも、実家の墓じまいを考えている。都会育ちなら参りやすいところに墓地があるが、地方の過疎地にお墓がある場合、滅多にお参りできないから、という理由だ。しかしそれには、費用がかかる。

ネットで検索するといろいろ出てくるが、石塔一基、外枠解体、基礎コンクリート処分、お骨の取り出し、墓地の整地で二十八万六千円～、と書いてある。

これは二平方メートルまでの小さいお墓の値段で、三平方メートルまでが三十七万四千円～、四平方メートルまでが四十六万二千円～と、大きくなればなるほど料金がかさむ。

しかし、こういった墓じまい代行業者に依頼すれば、お墓の引越しの際必要な改葬許可申請書の書き方も教えてくれ、必要なら別途料金で役所への提出もしてくれる。その後、お骨をどこに預けるかまで紹介してくれるそうだ。

次の供養先としては、近くの霊園、樹木葬、永代供養墓、納骨堂、散骨などがあるが、自宅に置く場合の豪華な骨壺も販売されている。

ちなみに、墓じまいしたあとの土地は売れないそうだ。六親等以内の血族、三親等以内の姻族であればお墓を継承できる。

私の親友は、墓じまいするにもお金がかかるし、かといって年間五万円もの管理費を支払い続けるのも今後不可能ということで、従兄にもらってくれないか相談しているところだ。母親一人しか入っていないし、墓石には「やすらぎ」としか書いてない。もしかして今後のことを考えて、そう彫らせたのか。

横森家のお墓をどうする？

山梨にある我が家のお墓には、しっかり「横森」と入ってしまっている。母は最後に作った作家ものの長羽織にも「横森」と紋のところに刺繍させていて、どうしても他人には譲り渡してほしくない遺志を感じる。

お墓にしても、横森家の財産放棄をした時点で新しく作って父のお骨を移骨したため、現時点では父と母しか入っていない。灯篭の前には猫のお墓。田舎では珍しい横型の洋風墓石で、猫のお墓もミニチュアサイズの洋風墓石だ。

まー、だからどうってこともないが、母が気に入って建てたお墓を、なかなか墓参りに行けないからって、しまいづらい（笑）。墓じまいにもお金がかかるし、いろいろ面倒みたいだから、そのままにしておき、菩提寺の大黒さんにまかせっぱなしだ。大黒さん亡きあとは、お嬢さんが継いでくれるだろう。

お墓の管理、お掃除や草抜きも代行サービスがあるようだが、それなりのお布施をしておけばお寺でやってくれる。

墓参りは行けるときに行くのだが、コロナ禍で毎年はなくなった。二年に一度ぐらいになってしまうが、家族で観光がてら行って、ほうとうでも食べてくる。大黒さんとおしゃべりするのも楽しみだ。

お墓は、私も入るところがないと困るし、とっておこうと思う。猫たちも今後何頭か埋葬せねばならないだろう。

あとは娘に託すが、海外に住む可能性大だし、となると新手のバーチャル墓参りを利用することになるのだろうか。

墓じまいと改葬

喪 豆知識

墓じまいとは、墓石を解体して撤去し、墓所を更地にして墓地の管理者に使用権を返還すること。改葬は、埋葬されている遺骨を別のお墓に移動させることで、お寺の承諾が不可欠になります。また、将来自分がどこの墓に入るのかも、この機会に考え、確認しましょう。

ネット墓参り

コロナ禍で墓参りに行けない、というところから生まれたネット墓参り。墓参り代行サービスはもともとあるが、ネット上で墓参りができるようになったのだ。ライブカメラがついている霊園であれば、リアルタイムでお墓の状況を確認しながら、お墓参りをすることができる。台風などがあったときも墓石の状況を確認することができるし、そういうシステムがある霊園なら、お墓に水をかける、お花を添える、などクリックするだけで供養ができる。

サイトには、ネット上の墓映像に手を合わせるだけで、供養する気持ちが収まると書いてあるが、デジタルネイティブでもない我々世代は、なんだか腑に落ちない気分だ。

でも、これを利用すると高速道路の混雑もなく、遠くまで行く経費もかからない。不況、物価高のいま、我々世代でも遠方の墓参りは経済的に難儀だ。さらに、高齢者にとっては大変な旅。隣のおばあさんも、

「もうこれが最後かと思って、広島に行ってきました」

とお土産をくれた。弟さんも妹さんも高齢なので、母方の墓参りに行ってきた

とか。八十四歳だが、まだ足腰達者なので、旅行には行ける。が、やはり疲れて、帰ってきたあとは一週間寝込んだという。

それでも、これもイベントとしてあったほうがいいのではないかと思った。疲れても、最後の旅行を懐かしい故郷に、妹弟とできたのだから。隣のおばあさんも嬉しそうだった。

コロナ禍が明け、みんなで遠くに行ってきた。最後の墓参りという理由がなければ、楽しい旅もなかったかもしれない。

バーチャル霊園

ネット上の墓を持つ、バーチャル霊園なるものも出てきた。少子高齢化で墓参りをする人がいなくなり、無縁化する墓地が増えるなか生まれた、ネット上で供養ができるものだ。

経済的理由で墓地が持てない人にも安価に提供できるとある。一式で一万円未満、年会費二千円〜三千円とお安いが、昭和生まれの私たち世代にはこれまた馴染みにくいものだ。「どうぶつの森」のようなイメージだろうか。

喪 豆知識

バーチャル霊園

遺骨そのものは、たとえば複数の方の遺骨を同じ場所に埋葬する合葬墓のほか、海や山などに撒く散骨など、どこかに納骨する必要があります。利用理由はさまざまですが、経済的な理由のほか、水子供養で利用する人もいるようです。

デジタル墓

墓じまいしたあと、都会の狭い住宅事情に合わせた、デジタル墓なるものもある。故人の思い出やファミリーヒストリーをデジタル化し、QRコードで読み込む形だ。お参りしたいときにいつでもそのQRコードをスマホで読み込めば、故人の思い出の写真や、墓じまいしたお墓の写真が出てくる。

木製の墓台に遺骨を三グラム納骨できるようになっていて、アクリルの写真立て、デジタル供養セットで二万四千八百円と安価だ。墓標とカードのみのセットなら一万四千八百円とさらにお得。しかしこの、QRコードを読み込むこと自体、いまの高齢者には無理なのではないだろうか。

私たちが高齢者になるときはほぼ全員QRコードぐらい読み込めるだろうから、いまの高齢者が最後の墓参り世代ということになろうか。

第7章

シンプルに生きる

思い出のデータ化

遺品整理で苦労したならば、自分はできるだけモノを残さないようにしたいものだ。

残されて困るものの一つに、アルバムがある。私たちの親世代は、まず贅沢品だったプリント写真が広く一般に普及した時代。だから、趣のあるデザインのアルバムが、大切な宝のように保存されているはずだ。

母のものもあった。女学校時代が一冊、教員として働き始めた青春の一冊。十代の母、二十代の母が、白黒写真で丁寧に、黒の台紙に貼られている。小さいシールに万年筆で撮られた年号とキャプションも添えられている。

しかし、それらをまじまじと見たのは今回が初めてだ。この本を書くにあたって、クローゼットの奥から掘り起こし、ほこりをはらって見た。そこには、亡き祖母や伯母たちも映っていた。歴史的な背景もわかる貴重な映像だ。しかし、これをこのまま取っておいて私が死んだのち、娘は困るだけではないか。

古い写真はデータ保存

アルバムの保存は、場所も取るしホコリになる。私はこの機会に、全部スマホで複写して実物は捨てた。親御さんが高齢でお元気ならば、一緒に懐かしいアルバムをひも解いてみたらいかがだろうか。若かりし頃のきれいな自分を見たら、高齢者も華やぐだろう。

複写した写真はパソコン内に保存するか、ＵＳＢメモリなどに保存しておこう。告別式のときにスライド上映などしたら、参列者も楽しめるのではないだろうか。若かりし頃の御自分が写っている場合もある。

私自身の若かりし頃までの古い写真は、自粛中に整理して箱入れにした。アルバムから剥がせず千切れてしまったものもあったが、プリント写真をそのままきれいな箱に入れたほうが、ずっと場所を取らない。写真の一枚一枚は軽いから、取り出して見ることも楽である。

年を取ると、気力・体力が目減りするから、重いアルバムを取り出して鑑賞することすら難儀になってくる。そのまま放置して死んだら、残された遺品を遺族が処分するのも大変な作業だ。

人生のハイライトとなる写真をベスト・オブ・ベストで選択して、エンディングノートに貼り、あとは捨ててしまってもいい。子どもが生まれてからの写真は本人のものとして取っておいてあげよう。

CDのデータ化

ディスク時代を生きた私たちは、CDを山ほど持っているだろう。私の場合、その数三百枚。これも、だいぶ処分した後の数だ。ほとんどはケースを捨てディスクファイルに保存しているが、その一冊は重く、大きく、ほとんど開くことはない。

「ベリーダンス健康法」でよく使うCDは小さいディスクファイルに入れてスタジオのCDプレーヤー横に置いてあったが、レッスンを始めて十五年、二代目のCDプレーヤーも壊れた。

これを機に、よく使うCDをすべてパソコンで読み込み、スマホとMP3プレーヤーに入れた。CDプレーヤーにはAUXモードがあるから、それらとつないで聞けるようになったのだ。これでＣＤを捨てられる。

思い出のビデオテープ

なかなか捨てられないのが、思い出のビデオだ。子どもが小さいときの映像、自分の結婚式の映像など、捨てきれない映像に関してはどうすればいいか。

最早、再生するデッキもないわけだから、その手のサービスをしている店舗に持ち込んで、ダビングしてもらおう。いまではネットで検索すればダビングサービスがたくさん出てくる。ビデオを発送すれば、ＤＶＤかＵＳＢメモリなどにコピーして送ってくれる。

それらをたびたび見るということはないと思うが、若かりし頃の自分や家族と会える貴重映像だ。

私も、十五年前にビデオからＤＶＤにダビングして一度も見ていなかったかつてのテレビ出演映像を、この機会に見てみた。辰巳琢郎の「タッチミー」という深夜番組なのだが、そのゲストとして一年間に何回か呼ばれた。そこには、三十一歳の私がいた。

バーの主人が辰巳さんで、若くカワイイ女の子が二人お手伝いとして座っている。そこに、恋愛相談のお手紙が来て、いろんなゲストが相談に乗るという番組だった。

三十一歳の私は毎回ものすごいおしゃれをして来て、張り切っている。話の内容も深夜番組だけにディープで面白い。カクテルはスタア・バーの岸さんが作ってくれていた。だから、ホントに美味しいカクテルを飲みつつ、話をしているのだ。

それを、アラカンのいま、自宅で晩酌しながら見る贅沢。自分史を振り返る、ひとり大回顧展だ。過去の貴重映像が残っていたら、ぜひ親が生きているうちに、若かりし頃の自分に会わせてあげよう。熟年夫婦で若かりし頃を振り返ったら、空の巣症候群も打破できるかもしれない。

自分の遺品は極力残さない

今回、本を書くにあたって十五年ぶりに戸棚の中やファイル、アルバムを引っ張り出し、気づいたことがある。それは、

「いつか使うかもしれない」

と思って取っておいたものは、結局使わないということだ。

特に電化製品は日進月歩だから、買ったときに高かったとしても、時代が変わって使えなくなっていることが多い。そして年を取ってからの一年は早く、あっという間に十年以上の月日が流れている。人生はまっこと、うたかたの夢なのだ。

私たち世代でも、捨てるに捨てられずいらないものをとっておいてしまうのだから、モノのない時代に育った親世代は、なんでもとっておきたくなるだろう。

死後、遺品整理をしていて、大量のタオルが出てきたという話はよく聞く。それは、お掃除に雑巾として使って、捨ててしまおう。

おびただしい量のモノたち

親の遺品整理で苦労した人は、自分の遺品は残さないと決意したはずだ。が、いざ手を付けてみると、おびただしい量のモノたちに、

「いや、これはこのまま放置して、子どもにまかせよう」

という気分になってしまう。しかし、子育て終了後、退職後、どうせ暇なら、整理して自分史を振り返ってもいいのかもしれない。忘れていた自分の過去を、第三者的な気持ちで鑑賞するのだ。


子どもが小さい頃のかわいい絵や工作も、スマホで複写して現物は捨ててしまおう。紙ダニが発生するかもしれないし、場所を取り、なによりホコリになる。本も重いしホコリになるので、私は自分の著書以外、たまったらリサイクルしている。


百冊以上の本を書き、ひとつの書棚にまとめてあるが、それは母が、

「初版本は取っときなさいよ。人生の軌跡だから」

と口を酸っぱくして言っていたからだ。しかし、私が鬼籍に入ったら処分してもらおう。娘には、

「全部捨てていいよ」

と言っておくつもりだ。

洋服、靴、バッグ、着物

おしゃれな人になればなるほど、着飾ってきた歴史が重くのしかかっているだろう。私は着なくなったもの、使わなくなったものは全部捨てるか、誰かにあげてしまっているので、いま着るものしか持っていない。

それも、十年ほど前から韓国ファッションだから、ワンシーズン着たら捨ててもいいような値段のものだ。だから残された遺族も、全部捨てられる。着物だけが難問だが、折を見て着ないものは、着てもらえる人に譲り渡していこうと思う。

ブランドものが好きで、高価だったため捨てられず、また新しく買ってしまう人の場合、フリマアプリをおすすめする。処分する手間賃だと思って安価で手放すのだ。たまったポイントでまたお買い物をすればいい。

生活用品

家具などの生活用品は、生きている限り使うから、終活として処分できるものは小物、インテリアの類となる。まったく飾ってないのも寂しいが、ホコリもたまるので、高齢者になる前までにはできるだけ片づけて、お掃除しやすいようにするつもりだ。最低限の気に入ったものだけに囲まれて暮らすのだ。

モノが捨てられない家族と同居の場合、苦労することになるが、そして旅に行ったりするとまたちょこちょこ思い出の品などを買ってしまうが、私はできるだけ、消えものしか買わないことにしている。

誰かに差し上げるものも、消えものがいい。我々は、みな等しく年取っているのだ。食べるものや飲むもの、お花などは場所を取らず、体や心の栄養になる。荷物はお互い、できるだけ増やさないほうがいいのである。

最後はトランクひとつで旅立てるように

あれもこれも必要と思って買い物してきた人生だが、食器にしても、年を取るとだいたい決まったものしか使わなくなる。奥のほうにしまってあるものは、ほとんど使わないのだ。

せいぜい夏はガラス器、冬は土鍋など、季節で引っ張り出すものはあれど、基本的にはサラダボール、コーヒーカップ、湯呑、お気に入りのグラス、お箸、お椀と茶わん、小鉢と蓋物、魚皿と中皿、小皿、醤油皿ぐらいがあればいい。

下着やパジャマ、部屋着や靴下も、繰り返し使って、擦り切れたら捨てる。買い替えるときに捨てるのだ。すると、荷物は増えない。旅行するときに一泊、二泊するだけのものがあれば、人は生活できるのだ。

さまざまなものをたくさん持っていても、年を取ると使いこなせない。持っていることすら忘れてしまう。だから、必要最低限のものを持ち、いらないものは処分していくほうが、これから三十年をゴキゲンに生きられる。

季節の衣替えや、掃除も楽になるだろう。特に冬のコートなどは場所を取るし、季節保管のクリーニング代もバカにならないので、着ないものは誰かにあげるか、捨ててしまおう。

年を取ると、軽くてあたたかいものが楽になる。それはカシミヤでなくたっていい。ユニクロのウルトラライトダウンでもいいのだ。遺族も捨てやすい。

預貯金も不動産も全部使いきって

世のお金持ちたちは、財産は子どもに残したいという。離婚したり死別したりした人も、熟年恋人ができても事実婚だけで、入籍はしたくないらしい。財産分与が生じてしまうと、一人頭の持ち分が減る、手続きが複雑になるなどが理由だとか。

そんな話を聞くと、ほんと世知辛いなぁと思う。

この話を、講座の生徒さんにしたら、

「先生、お金持ちだけじゃないですよ。うちみたいな庶民でも、おばあちゃんが死んだとき、なけなしの財産をめぐって、親族が争ったんです。それっきり親戚づきあいはないんです」

と言っていた。

「どこも同じだねぇ」

だから、なんにも残さないのがいいのだ。預貯金も不動産も全部使いきって、あとは野となれ山となれ。人生は砂絵のようなものだという例えだが、自分の人生を自力で終えるのだから、大人になった子の心配までしなくていい。

老後二千万円問題などと言われても、老後などないかもしれないし、子どもに残したいと思って貯めこむから、オレオレ詐欺に狙われるのだ。ニュースを聞くたび、よくそんなお金があるものだなと思う。

「持ってかれるお金がなかったら、オレオレ詐欺も来ないもんねー」

と、友達とよく言い合って笑っている。

「いま」を楽しむためにお金を使い、施設に入る必要が出てきたら、家を売ってそのお金で入居する。全部使いきってしまえばいいのだ。子どもは自力で生きていくだろう。そのための知恵をつけるのに教育費をかけたのだから、もう充分、受け取っているはずだ。

デジタル資産

ネット銀行の口座に入っている預貯金、キャッシュレス決済のチャージ、電子

ネットバンクの相続手続き

喪 豆知識

金融機関や支店名、ID、パスワード等リスト化したものを、①エンディングノートに記載　②遺言書に記載のうえ、家族にネットバンクで取引していることを伝えましょう。パスワードを記載し忘れた場合でも、法定相続人であることが証明できれば、手続きを進められます。

マネー、ポイントなどだが、たいした金額ではないならそのまま放置してもいいと思うが、たくさん持っている人は心配だろう。

高齢者を親に持つ大人女子は、親にすべてのIDとパスワードをノートにつけさせている。還暦を迎えた私も、すでに自分も忘れてしまうので、新規登録、更新するたび手帳につけている。

書き留めておけば、死後、遺族が見て対処できる。エンディングノートにも預貯金についてと、引き落とし・ローン・キャッシングの記載ページがある。親が認知症になる前に、聞き出して記載しておくといいだろう。

魂が喜ぶことをして生きる

亡き母の腹心、浅川先生から、二人が立ち上げた「山梨子どもの本研究会五十周年記念誌」が送られてきた。私が美大時代にデザインした「耕」という文字のデザインが表紙に使われ、

「すべての子どもに読むよろこびを」

と掲げてある。

表紙の裏には、十周年記念誌の際、私が寄せた言葉もある。

「母たちの仕事は、心を耕すことだ。祖父がしばしば言った。畑の土は同じでも、深く耕された土は、良い作物を育てる。浅い耕しの土は、実りを得られぬと。耕の文字を表紙に入れたのは、そんな思いからだ」

中を開くと、浅川先生の言葉から始まり、私を知る昔からの会員さんの寄稿もあった。「五十年前の山梨の子どもの読書事情」という浅川先生の文章には、母との出会いから亡くなるまでの三十三年間が描かれていた。

「すばらしい子どもの本の研究者の横森サチ子さんは、亡くなるまでの三十三年間会員の立場で、他の会員をご指導してくださったことに感謝の気持ちでいっぱいです」

読み終わり、私は嗚咽を抑えることができなかった。

母の死で泣いた最後の涙

浅川先生は九十四歳。私が顔と名前を覚えているほかの会員の先生方も、みな高齢になられたことだろう。

しかしみな、私が九歳のときのことを覚えてくれているのだ。母と浅川先生が会を発足し、子連れで山梨県立図書館に通い始めたあの頃を。

私はまだ子どもだったから、母が何をそんなに一生懸命やっているのかわからなかった。小さい頃から母の読み聞かせで育った私には、絵本や童話に囲まれて子どもが育つのは当たり前のことだった。しかし五十年前の山梨では、特別なことだったのだといま、わかった。

母は開拓者だったのだ。子育てと仕事、家事で読み聞かせをする余裕もないと

愚痴る会員さんには、

「愚痴は何も生産しない」

と叱咤し、子どもが「ねえねえお母さん」と話しかけてきたときには、いったん家事の手を休めて、ちゃんと話を聞いてあげることも指導した。しかし母は並々ならぬ体力と気力の持ち主だ。普通の人には真似はできなかっただろう。

私が物心付いたときから母はいつも夜中まで本を読んだり原稿を書いたりしていたので、あまり寝てなかったのではないだろうか。それでもいつもイキイキと楽しそうだった。

「横森サチ子先生」という石田先生の文章には、

「先生は教育実践を中心にして研究会、読書会、講演会と休む暇もない忙しさでした。（中略）先生はいつも、『こどもの本の世界は優しさの泉です。どんなに気難しい人でもこどもの本の世界に触れると表情が和みます。まさにそれは子供の世界だからです』とおっしゃっていました」

と書いてあった。〝やさしさだけが軸なのです〟と。

私は母が、あの頃やっていた活動の意味を初めて知って、涙が止まらなかった。

これはたぶん、母の死で私が流した、最後の涙だろうと思う。

魂が望むように生きる

母は明治大学の法学部に行って、弁護士になることを夢見たが、家が貧しく進学をあきらめた。師範学校に行って教師となったわけだが、そこから結婚、出産、子育てをしていく中で、低学年教育とこどもの本の研究にどっぷりとつかっていった。それこそ、死ぬまでである。

母の人生を検証すると、夢や希望は叶わなくても、人は使命を全うすることができ、それが生きる喜びになるということだ。理屈では、頭ではわかっていなくても、魂の望むことはできるようになっているのだ。

魂、なんて言われていまいちピンと来ない方がほとんどだと思うが、目の前の必要があって、どうしてもそれをせねばならないと感じたこと。そしてやっているうちにどんどん夢中に楽しくなっていくこと。それが魂の望むことだと思う。自分はしたくもないのに、流れですることになったこともそうだ。

人はみな、親を送り（逆縁もあるが）、自分もやがて送られる。死なない人はいないから、それが自然の姿なのだ。

私たち大人女子がこれから数十年、いかに生きるべきか。それは、貴方のハートに聞いてみてほしい。

考えるより、感じることで、正しい答えが出てくるだろう。自分がやっていて心が喜ぶこと。誰かにとって、社会にとって、これからの未来にとってためになること。自分の命を無駄にしないためには、残りの人生を有意義に使うことだ。

一生は一時間の授業

私の呑み友、イントゥイティブカウンセラーの村山祥子さんは言う。

「人生の目的はなにか、よくクライアントさんに聞かれるんだけど、みんな同じなんですよ。ただ、魂が成長するために生まれてきてるの。魂を成長させるには、体験しかないんです。悲しみも苦しみも喜びも、体験することで魂は成長するから、怖がらずに進んでほしい」

一生は成長のための一時間の授業。五分の休み時間があって、また一時間の授業が始まるのだという。そう思うと、死ぬのも怖くなくなる。授業が終わるまでは、好奇心をもって、集中して取り組もう。

私はこの本を書いてわかった。親の最大の遺産は、自分自身なのだと。そのお宝を大事に管理して、最大限に生かす。これは誰にでもできる、「喪のしごと」の最終章なのだ。

おわりに

この本の執筆が一段落した春、久しぶりに母のお墓参りに行った。娘も春休みで、家族の予定が珍しく合った平日の昼間。天気は良く、高速道路は空いていて、山梨に入ると、桃畑がピンクの絨毯になっていた。

東京の桜はすでに散っていたが、山梨は花盛りだった。山の菩提寺には山桜や枝垂れ桜が満開。ちょうど、母の四十九日をやったのと同じ時期だった。風光明媚なお墓参りで山の春を楽しみ、手を合わせ、菩提寺の大黒さんともお会いした。

がんから生還してすっかり元気になられ、農作業をされていた大黒さんは、

「あれあれ、言っといてくれればお茶の用意もしといたのに」

と言ってくださったが、その気をつかわせたくないから言わずに行ったのだ。しかし、それならばと、摘んだばかりのタラの芽やら採れ立て地卵をたくさんくださった。まるで親戚のようにあたたかい菩提寺であった。

お墓参りは故人のプレゼント

お墓参りのついでに金運アップの金櫻《かなざくら》神社にお参りし、昇仙峡《しょうせんきょう》でほうとうを食べ、富士吉田に寄って山神社《やまじんじゃ》をお参りした。夫の趣味は金運アップの神社巡りなので、お墓参りはおつきあいで、こちらが真の目的だ（笑）。しかしまあ、久しぶりに家族でプチ観光もできたし、良かった。

これも亡き母のプレゼントだなと気づいた。不況、物価高で家族も不協和音。一緒に出かけることも少なくなり、家庭内別居状態だ。そんな家族を一つにまとめ、故郷の春を見せてくれた。これも、お墓参りという目的なくしてはありえないことだった。

この本を書く過程でいろいろ調査、取材し、私も考えた。自分の終活についてや墓じまい、埋葬法についても。みなそれぞれの価値観で決めればいいことなのだが、一つ言えるのは、故人は死んでなお、私たちを愛してくれているということだ。見えないだけで、いつもそばにいる。

故人に心配をかけないように生きる

そんな霊的存在に興味がない人でも、自分を構成するDNA、血縁の中に見え隠れする遺伝子に、父母や祖父母を感じることはあるだろう。つまり人は、死んでなお生き続けるのである。その生涯で成し遂げられなかった夢や「思い」を、子孫を通じて実現しようと試みているのだ。

大きな夢はなくても、日々、美味しいものを食べて、よく働き、よく遊び、きちんと寝る。健康を保って命を燃やし続けることを、故人は願っている。自分のぶんまで、楽しんで生きてくれと。そう思うと、いまこの一瞬たりとも、無駄にはできない気がする。

『親を見送る喪のしごと』は、読み物としての本であるとともに、「実用」を心がけた。遺族が被る死後の事務処理は本当に大変なので、知っておくと少しは楽になる。

私も専門家や経験者に取材して、いろいろ学ばせてもらった。この場を通じてお礼申し上げたい。編集者Yも、貴重な機会を与えてくれてありがとう。豆知識の制作もお疲れさま。ついつい、面倒で蓋をしてしまいがちな「喪のしごと」を予習することができた。そして、この一冊があれば「そのとき」役に立つ。

自分で書いても忘れちゃうからね（笑）。読者のみなさんも、これだけは書棚に置いておき、いざというときは取り出して参考にしてほしい。

一番大切なのは、残された者が心身を壊さないことだ。それを故人も願っていると思う。息抜きをうまくしながら、切り抜けていただきたい。

最後は母の言葉で〆よう。

今日も自分（先祖）にありがとう。支えてくれる人たちにありがとう。ラブ・エテルノ・サチコ。

二〇二三年七月

横森理香

親を見送る喪のしごと

亡くなったあとにすること。
元気なうちにできること。

2023年9月1日　初版発行

著　者　横森理香

発行者　菅沼博道

発行所　株式会社 CCCメディアハウス
〒141-8205
東京都品川区上大崎3丁目1番1号
電話　販売 049-293-9553
　　　編集 03-5436-5735
http://books.cccmh.co.jp

ブックデザイン　相原真理子

イラスト　kikii クリモト

校　正　株式会社 文字工房燦光

印刷・製本　株式会社 新藤慶昌堂

ISBN 978-4-484-22244-8